弟子规新解

培养积极自主的孩子

阮胤华 著

江蘇鳳凰教育出版社
Phoenix Education Publishing, Ltd

图书在版编目(CIP)数据

弟子规新解 ：培养积极自主的孩子 / 阮胤华编著
. -- 南京 ：江苏凤凰教育出版社，2022.3
ISBN 978-7-5499-0042-8

Ⅰ. ①弟… Ⅱ. ①阮… Ⅲ. ①古汉语—启蒙读物
②《弟子规》—研究 Ⅳ. ①H194.1

中国版本图书馆 CIP 数据核字(2022)第 013508 号

书　　名 弟子规新解：培养积极自主的孩子
编　　著 阮胤华
责任编辑 丁金芳　杨威威
装帧设计 许　畅
出版发行 江苏凤凰教育出版社(南京市湖南路 1 号 A 楼　邮编 210009)
苏教网址 http://www.1088.com.cn
照　　排 江苏凤凰制版有限公司
印　　刷 江苏凤凰新华印务集团有限公司
厂　　址 江苏省南京经济技术开发区尧新大道 399 号(邮编 210038)
开　　本 787 毫米×1092 毫米　1/16
印　　张 11
版　　次 2022 年 3 月第 1 版
印　　次 2022 年 3 月第 1 次印刷
书　　号 ISBN 978-7-5499-0042-8
定　　价 49.00 元
网店地址 http://jsfhjycbs.tmall.com
公 众 号 苏教服务(微信号:jsfhjyfw)
邮购电话 025-85406265,025-85400774,短信 02585420909
盗版举报 025-83658579

习惯养成得越多，那个人的能力越强。我们做人做事，需要种种的能力，所以最要紧的是养成种种的习惯。

——叶圣陶

前　言

2005年，我接触到了马歇尔·卢森堡博士倡导的非暴力沟通。学习非暴力沟通是我人生的一个转折。我认识到人的成长需要从实际出发，而不能一味地用道德观念要求自己和他人。从那以后，我就开始在国内介绍非暴力沟通。我翻译了《非暴力沟通》和《非暴力沟通实践手册》两本书，还写了《爱的语言——中国文化和非暴力沟通的结合》这本书。这十多年来，在与读者和学员交流的过程中，我看到许多人对孩子的教育问题感到头痛不已：比如，家长需要培养孩子哪些习惯呢？又怎么在维护孩子的独立性的前提下，帮助孩子养成这些习惯呢？只有深入地回应这些问题，家长在亲子沟通中才会有明确的方向，才能更有效地运用沟通技巧，来循序渐进地引导孩子。为此，我想到了给家长介绍《弟子规》及其在现代家庭教育中的应用。

《弟子规》是清朝秀才李毓秀编写的启蒙读物。它三字一句，两句一韵，共360句、1080个字。有些人对《弟子规》心存疑虑，担心它对孩子构成束缚。这种顾虑是有道理的。由于时代的差异，我们使用《弟子规》的方式要和过去不同。在传统文化氛围浓厚的时代，孩子看到的、听到的和《弟子规》的主张比较一致，他们也就容易理解和接受《弟子规》。但现在的社会环境和过去明显不同，如果让孩子死记硬背，即使开始时他们照做了，时间久了，也会排斥《弟子规》。因为他们并没有真正接受被灌输的东西。在现代，《弟子规》适合作为家庭教育指南。通过结合传统经典学习《弟子规》，家长可以较为系统地了解传统的启蒙教育理念，并利用它来解决实际问题。

2020 年春节前，我曾给一些朋友做了关于《弟子规》的系列讲座。我结合《论语》等传统经典给大家讲解《弟子规》的内容，以及它的时代意义。在开始时，不少人对学习《弟子规》有很大疑虑。但最后，反响很热烈。有位女士反馈说："我从没想过《弟子规》可以这样学，真是如沐春风！我以前看《弟子规》，觉得按照这个标准去做，简直是愚孝！现在看，那不是原文的问题，而是我没能理解这些文字背后的精神！"还有位女士谈道："我有两个男孩，老大六岁，老二四岁半。我们以前对他们的一些行为不知道要不要管，更不知道从何抓起。学习《弟子规》后，我选了一些内容来教他们。渐渐地，他们养成了许多良好的生活习惯。现在，我心里踏实了许多，很感激《弟子规》这个育儿宝典。"

在《带点儿教育意味的事都一样》一文中，我国著名教育家叶圣陶先生讲道："自己做不到的，别教人家做，自己教人家，要想收到效果，就得自己做出榜样来。"家长想要教孩子《弟子规》中的道理，首先自己要有切实的体会，然后才可以作出榜样，并结合孩子的情况引导孩子。这也是本书写作的目的：帮助家长学以致用，引导孩子健康成长。

本书的出版需要感谢许许多多的人，特别是一些朋友分享了他们的故事，使我对《弟子规》的讲解更能体现我们时代的特点。当然，限于水平和经验，不足之处在所难免，恳请读者朋友们多加指教。

阮胤华

2022 年 2 月

目录

扫码听朗读

导 读

家长怎样教《弟子规》

教孩子《弟子规》里面的道理，家长首先要学明白并身体力行，然后从实际情况出发，循序渐进地引导孩子。为了达到理想的效果，家长要以潜移默化的方式为主，正面教育的方式为辅。

一、整体把握，充分利用

深刻认识《弟子规》的培养目标和培养方法，是家长利用好《弟子规》的关键。《弟子规》的培养目标是让孩子成为一个具有家国情怀的人。它的培养方法是从多方面培养孩子的好习惯，为他实现目标打下坚实的基础。

《弟子规》的这些主张和叶圣陶先生的教育理念是相似的。在《读书和受教育》一文中，叶先生谈到人为什么要接受教育：

受教育的意义和目的是做人，做社会的够格的成员，做国家的够格的公民。想到"做"字，就可以悟出光记住些什么是远远不够的。必得把某些精要的东西化为自身的血肉，养成永久的习惯，终身以之，永远实践，这才对于做人真有用处。

在这段话中，叶先生谈到人应当成为对社会、对国家有益的人，以及养成受用一生的好习惯的必要性。

在《"习惯成自然"》一文中，他对培养好习惯的意义谈得更为具体：

通常说某人能力不强，就是某人没有养成多少习惯的意思。譬如说，张三记忆力不强，就是张三没有把看见的听见的一些事物好好记住的习惯。譬如说，李四发表力不强，就是李四没有把自己的思想和感情说出来写出来的习惯。

习惯养成得越多，那个人的能力越强。我们做人做事，需要种种的能力，所以最要紧的是养成种种的习惯。

在《两种习惯养成不得》一文中，他还谈到一个人不培养好习惯的坏处：

举例来说，容易明白。坐要端正，站要挺直，每天要洗脸漱口，每事要有头有尾，这些都是一个人的起码习惯，有了这些习惯，身体与精神就能保持起码的健康。但是这些习惯不是一会儿就会有的，也得逐渐养成。在没有养成的时候，多少要用一些强制功夫，自己随时警觉，坐硬是要端正，站硬是要挺直，每天硬是要洗脸漱口，每事硬是要有头有尾。直到"习惯成自然"，不待强制与警觉，也能行所无事地做去，这些就是终身受用的习惯了。如果在先没有强制与警觉，今天东，明天西，今天这样，明天那样，那就什么习惯也养不成。而这今天东，明天西，今天这样，明天那样，倒反成为一种习惯，牢牢地在身上生根了。这种习惯就是“不养成什么习惯的习惯”，最要不得。为什么最要不得？只消一句话回答：这种习惯是与其他种种习惯冲突的，养成了这种习惯，其他种种习惯就很少有养成的希望了。

家长要牢记《弟子规》的培养目标以及培养好习惯的意义，然后从整体上把握和利用《弟子规》。反之，如果家长既没有把《弟子规》的培养目标放在心上，又没有认识到养成好习惯的必要性，就难以发挥《弟子规》的作用。

二、润物无声，潜移默化

润物无声，是让孩子在潜移默化中受到影响。孩子在模仿中学习、成长。家长教孩子《弟子规》中的道理，要能够以身作则。

在《我的母亲》中，老舍谈到母亲和姐姐对他生活习惯的影响：

与母亲相依为命的是我与三姐。因此，他们做事，我老在后面跟着。他们浇花，我也张罗着取水；他们扫地，我就撮土……从这里，我学得了爱花，爱清洁，守秩序。这些习惯至今还被我保存着。

有客人来，无论手中怎么窘，母亲也要设法弄一点儿东西去款待。舅父与表哥们往往是自己掏钱买酒肉食，这使她脸上羞得飞红，可是殷勤地给他们温酒做面，又给她一些喜悦。遇上亲友家中有喜丧事，母亲必把大褂洗得干干净净，亲自去贺吊——份礼也许只是两吊小钱。到如今我的好客的习性，还未全改，尽管生活是这么清苦，因为自幼儿看惯了的事情是不易改掉的。

培养孩子的好习惯，关键在于家长能起到榜样的作用。比如，如果想要孩子养成“整洁”的习惯，家长就要勤于整理房间；如果要培养孩子关心他人的习惯，家长就要能够留意周围的人的需要。

在身教的基础上，家长还可以通过聊天、讲故事等形式，让孩子在无形中受到教育。在《八十忆双亲·师友杂忆》中，钱穆先生谈到他母亲对他们兄弟两人的教育。钱母不识字，在和他们聊天的时候，会谈到他的祖母和父亲，然后又顺带提及族里的事。他父亲去世后，他母亲和他们谈话时更是会常常提及他父亲的言行。后来，钱先生意识到，他母亲的闲谈实际上就是在教导他们。钱先生回忆说：

一家生活，虽极贫苦枯寂，然余兄弟在当时，实并不知有所谓贫苦，亦不知有所谓枯寂。惟若先父之灵，如在我前，如在我左右。日惟以获多闻先父之遗言遗行为乐事。

钱母虽不识字，但有主见，知道自己想要培养怎样的人以及如何去做。她通过聊家常的方式，把她看重的人生道理教给了孩子们。

教孩子《弟子规》里面的道理，家长既要学习老舍母亲的“身教”——她并不是刻意地要教孩子，但让孩子在耳濡目染中养成了许多好习惯；也要学习钱穆母亲的“言传”——她没有板起脸来给孩子讲人生的大道理，却让孩子急切地想听她讲。

《弟子规》里面讲道：“父母教，须敬听；父母责，须顺承。”这是教孩子怎么对待父母。如果父母能够在生活中激发孩子对父母的爱和敬，那孩子自然就会做到“敬听”和“顺承”。反之，如果父母对待子女过于严格，激发了子女的叛逆心理，那子女就无法做到这些要求。即使他们表面上做到了，那也只是屈服于父母的压力，而不是出于对父母的爱。这样，父母的教育非但达不到理想的效果，反而伤害了彼此的关系。

家庭是孩子成长的摇篮。家长教孩子《弟子规》中的道理，要以潜移默化的方式为主，正面教育为辅。只有这样，家庭教育才能达到理想的效果。

三、灵活机动，由易到难

《弟子规》朗朗上口，易于记诵，对孩子培养好习惯会很有帮助。如果家长想要让孩子背诵《弟子规》，可以选择适合孩子的内容，然后再让孩子背诵。

在选择内容时，请不要把“孝”这部分内容包含在内。传统伦理主张，父母要慈爱地对待孩子，并以此来激发孩子对自己的爱和敬，而不要要求孩子孝顺。传统伦理的主张是明智的，如果父母要求孩子孝顺，孩子就容易产生抵触心理，结果反而会使双方的关系变糟。所以，家长不要要求孩子背《弟子规》“孝”这部分内容。

对于《弟子规》其他部分的内容，家长可根据需要灵活选择，而无须按照《弟子规》原文的次序。有位家长谈到她教孩子《弟子规》的经历时说：

我原来不知道该怎么管孩子，看了《弟子规》，我就根据我们孩子的特点来教他们。我先给他们讲“谨”和“信”这两部分内容，然后让他们背诵。“谨”和“信”的内容讲的是简单易行的日常生活习惯，孩子容易学。比如，我家老大现在6岁，老二4岁半，他们在院子里疯骑没有辅助轮的车子时，我就会说“宽转弯，勿触棱”！由于他们背过，我一提醒，他们就会明白我的意思，然后会骑得慢一些。

讲了“谨”和“信”的内容后，我接着给他们讲其他部分的内容。讲的时候，有不少内容，他们理解起来有困难，就不爱听。我就和他们一起复习“谨”和“信”的内容，然后捎带着讲一点别的内容。这样，由易到难，他们慢慢地就不烦躁了。此外，我还买了带注音和故事的版本，给他们讲故事，播放带着配乐的《弟子规》诵读，寓教于乐，他们就容易接受。在这个过程中，我发现，3—6岁的儿童非常喜欢音韵强、朗朗上口的东西，音乐和有节奏的朗读会让他们更好地吸收所学的内容。

现在，孩子在玩耍的时候，偶尔也会突然背出来几句。每次看到这样的场景，我内心中总是充满了喜悦，好像看到20年后，这些句子仍然会不时在他们脑海浮现。这样，当他们需要独当一面时，这些原则是不是可以成为他们人生最好的依靠呢？

《弟子规》的大部分内容仍然适合今天的孩子学习。每个孩子的情况不尽相同，家长在选择内容时，要考虑孩子的具体需要和接受能力，灵活地选择内容和教学方法。这样，家长就可以给予孩子有针对性的指导，来帮助孩子取得进步。

四、打好基础，稳中求进

生活是复杂的，墨守成规的人不仅处理不好许多事情，还难以适应社会变化。为了避免孩子变得呆板，家长在给孩子讲《弟子规》时，要教孩子懂得通权达变。

下面介绍三种方法。第一种方法，在讲具体的观点时，让孩子知道具体情况要具体分析。比如说，讲"对尊长，勿见能"的时候，家长讲解的内容可分为以下三个部分：首先，给孩子讲一个故事，让孩子清楚地知道"对尊长，勿见能"是什么意思。这个时候，家长可以用本书讲解"对尊长，勿见能"时提到的钱穆先生的故事，也可以用其他例子。其次，家长结合故事启发孩子思考这么做的意义。第三，给孩子讲毛遂自荐之类的故事，说明在必要时要勇于展现自己的才华。为了帮助孩子循序渐进地吸收知识，家长可以在讲完前两部分内容后，隔一段时间再讲第三部分内容。这样，孩子就可以既了解为什么要"对尊长，勿见能"，又明白了不是所有的时候都要保持谦让的态度。

第二种方法，让孩子知道小道理要服从大道理。在《资治通鉴直解》中，张居正讲到苏章的故事：

东汉时，有个名叫苏章的人任冀州刺史，他有个老朋友任清河郡太守，是他的下属。苏章得知太守贪赃枉法后，就想要法办他。但两个人毕竟是老朋友，苏章不忍心马上就处理他，于是，就先请他吃饭。在宴会时，两人谈及过去的交往，谈得十分开心。太守看到苏章那样款待他，就欣喜地说："一般人头顶上只有一个天，但由于你是我的上司，碰上什么事，你会照顾我，我头顶上也就有了两个天。"这时，苏章就和他解释说："今天我与你一起喝酒，是表达我对老朋友的情意；明天我作为冀州刺史处理公事，还是需要秉公执法的。"第二天，苏章依法将太守治罪。

苏章的做法就是让小道理服从大道理。家长可以用这样的故事给孩子解释什么是小道理要服从大道理。这样，在不同的道理发生冲突时，孩子就懂得要权衡轻重。

第三种方法，鼓励孩子积极思考并大胆地表达自己的疑问。孩子会发现有时无法照着《弟子规》去做，比如，他认为"凡出言，信为先"并不适用于所有情况。在孩子提出疑问的时候，家长就可以和孩子一起分析，在哪些情况下，要坚持"凡出言，信为先"，在哪些情况下，又可以不讲实话。如果家长能够鼓励孩子表达不同意见，就可以培养孩子的独立思考能力。这样，孩子就不会人云亦云，成为一个书呆子。

在《论语·里仁》中，孔子讲道："君子之于天下也，无适也，无莫也，义之与比。"孔子认为，有修养的人不会墨守成规，而会随机应变。家长在讲《弟子规》时，一方面要帮助孩子打好基础，养成种种好习惯；另一方面要稳中求进，选择适当的时机给孩子讲如何随机应变。

五、家校合作，互相支持

父母要求孩子孝敬自己，孩子容易不服；同样地，老师要求学生尊重自己，强扭的瓜也不甜。比较理想的是，像过去那样，家长教育孩子尊敬老师，老师教育孩子孝敬父母。这样，老师和家长就可以互相配合，共同促进孩子的成长。

如果老师准备教学生《弟子规》，建议老师根据学生的需要选择内容，然后再让学生背诵。同时，老师要帮助学生理解《弟子规》是帮助他成长的工具，而不是老师用来控制他的办法。

如果学校有这方面的安排，家长可以从以下三个方面配合学校：

首先，帮助孩子理解《弟子规》。老师讲的内容，孩子不一定能理解，家长可以为孩子答疑解惑。对于有关“孝”的内容，家长要提醒孩子：这是教你怎么关心父母，但我们的想法不一定对，如果你觉得我们有什么不对，就要提出来。虽然《弟子规》也主张“亲有过，谏使更”，但家长明确地表达自己的态度，有助于孩子表达不同意见。

其次，家长不要引用《弟子规》的内容要求孩子。如果家长拿着《弟子规》教训孩子，就容易激发孩子对《弟子规》的反感。

第三，结合《弟子规》培养孩子对老师的尊重。这是家长特别需要教育孩子的地方。《宋史·杨时传》讲到程门立雪的故事：

杨时去向程颐学习的时候，已经四十岁了。他和游酢一起去拜见程颐，见程颐在休息，就静静地站在一旁等待。等程颐发现他们的时候，门外的雪已经积了一尺厚了。

这个故事体现了杨时和游酢对老师的恭敬和爱护。老师把前人总结的经验和自己的心得传递给我们，使我们可以站在巨人的肩膀上。作为学生，即使做不到杨时和游酢那样，我们也要懂得敬重老师。如果学生觉得自己很厉害，甚至以和老师有不一样的想法为荣，就不容易听进老师的话。所以，家长在辅导孩子学习《弟子规》时，要考虑重点讲"悌"那部分的内容，如"对尊长，勿见能"。

韩愈在《师说》中讲道："师者，所以传道授业解惑也。"为了孩子的成长，老师们需要付出艰辛的努力。家长要注意引导孩子尊重老师，并配合和支持老师的工作。

孩子的幸福是父母一生的牵挂。在孩子小的时候，父母会努力培养他们养成各种好习惯；在孩子成年以后，父母仍然会希望他们养成各种好习惯。"打铁还需自身硬。"让我们一起来学习《弟子规》，更好地吸取传统教育的精华，做一个更有智慧、更有力量的父母吧。

第一章

《弟子规》与家庭教育

《弟子规》以孔子的教诲为线索，从孝、悌、谨、信等七个方面整合了许多做人的基本道理。家长可以把它看作家庭教育指南，用来指导自己培养孩子成为德才兼备的人。

第一节

《弟子规》总叙

《弟子规》总叙：

弟子[1]规，圣人训。

首孝[2]悌[3]，次谨[4]信[5]。

泛爱众[6]，而亲仁[7]。

有余力，则学文[8]。

【注释】

① 弟子：指少年儿童。

② 孝：敬爱父母。

③ 悌：本义为敬爱兄长，这里泛指敬爱辈分高或年纪大的人。

④ 谨：做事有规律、合规则。

⑤ 信：说话有根据。

⑥ 泛爱众：友爱地对待周围的人。

⑦ 亲仁：亲近品德高尚的人。

⑧ 学文：读书明理。

扫码听朗读

【译文】

《弟子规》源自圣人的教导。为人处世，首先要孝亲敬长，其次要养成良好的语言和行为习惯。同时，还要善待周围的人，亲近有修养的人。此外，在闲暇时，多读圣贤书。

《弟子规》总叙指出了它过去的使用对象、思想渊源和基本内容。

首先，它是私塾老师用来教育孩子的启蒙读物。《弟子规》很大一部分内容讲的是如何孝敬父母，如果父母用它来要求孩子，孩子就容易产生抵触情绪。同时，这么用《弟子规》也不符合传统伦理的主张——每个人做好自己，而不要求别人对自己好。所以，《弟子规》原本是私塾老师的教材。

其次，它以孔子的思想为准绳。在《论语·学而》中，孔子讲道："弟子入则孝，出则悌，谨而信，泛爱众，而亲仁。行有余力，则以学文。"可见，《弟子规》说的圣人是指孔子。

第三，《弟子规》的基本内容分为孝、悌、谨、信、泛爱众、亲仁和学文等七个方面。

"首孝悌"：在这七个方面的内容中，《弟子规》首先强调的是孝和悌。张居正在《四书直解》中讲道："孔子教人说：'但凡为人弟为人子的，入在家庭之内，要善事父母以尽其孝；出在宗族乡党之间，要善事兄长以尽其悌。'"可见，孝、悌在这里是指孩子要能够孝亲敬长。

“首孝悌”是传统教育的一贯主张。北宋政治家、文学家范仲淹在《岳阳楼记》中写道：“先天下之忧而忧，后天下之乐而乐。”传统教育想要培养的就是像范仲淹那样以天下为己任的人。同时，它还强调由近及远地培养一个人的家国情怀，比如“老吾老以及人之老”“幼吾幼以及人之幼”，等等。所以，“首孝悌”不只是培养孩子孝亲敬长，也是为他的成长打下良好的基础。

“次谨信”：孩子首先要做到的是孝和悌，其次是谨和信。谨和信是从语言和行为习惯的角度来培养孩子。谨，朱熹在《四书章句集注》中的注解是“行之有常”，指做事有规律、合规则。信，朱熹的注解是“言之有实”，指说话有根据。

“泛爱众”：友爱地对待和自己没有特别关系的人。这是教孩子如何对待普通人，并养成善待他人的习惯。

“亲仁”：亲近仁人。这是教孩子以圣贤为榜样，让自己受到榜样的熏陶。

“有余力，则学文”：有闲暇的时候，要读书明理。这是培养孩子成为一个热爱学习和明白事理的人。朱熹认为，“学文”可以“考圣贤之成法，识事理之当然”。“考圣贤之成法”，是向圣贤学习他们为人处世的经验；“识事理之当然”，指不仅学习应该怎么做，还要知道为什么要那么做。

总的来说，《弟子规》想要遵循孔子的教诲，从多方面培养孩子的好习惯，让他成为一个具有家国情怀的人。

第二节

《弟子规》与教育难题

古人说，“三岁看大，七岁看老”，孩子从小养成的心态和习惯会影响他的一生。《弟子规》作为家庭教育指南，不仅可以帮助家长防患于未然，还可以指导他们解决已经出现的问题。

比如说，现代家庭教育的一个焦点问题是如何解决孩子厌学，甚至厌世的问题。《弟子规》所强调的家国情怀正是解决这类问题的良药。钱伟长先生的故事就是一个很好的例子。钱先生 1912 年出生于江苏无锡，1931 年，他考取清华大学历史系时，中文和历史都考了 100 分，但物理只考了 5 分，数学、化学共考了 20 分。九一八事变发生后，为了学造飞机大炮抵抗侵略，他申请转到物理系学习。有一篇纪念文章写道：

起初，物理系主任根本不收他，经他软磨硬泡才勉强同意，但只能试学一段时间。为了能尽早赶上课程，他早起晚归，来往于宿舍、教室和图书馆之间，废寝忘食，极度用功。毕业时，他成为物理系中成绩最好的学生之一。

后来，钱先生成就非凡，被誉为我国近代力学的奠基人。

钱先生曾说："祖国的需要就是我的专业。"由于对国家的感情，他对自己原本不擅长的理科产生了浓厚的兴趣，并为国家做出了突出的贡献。

如果一个人对家庭和社会饱含感情，有一份责任和担当，在遇到挑战时，就会知难而进。反之，如果一个人没有责任和担当，只想着自己的舒适和自由，在艰难困苦面前，就容易自暴自弃。可见，培养孩子的家国情怀，不仅对家庭和社会很重要，对孩子的幸福也尤为重要。而在这方面，《弟子规》为家长提供了具体指导。

再比如说，现代家庭教育中存在的另一个挑战是不少孩子缺乏自主学习的能力。许多家长希望孩子不仅不厌学，还要擅长独立思考，懂得分析学习中遇到的困难，并能够有针对性地制订和完成学习计划。对于培养孩子这方面的能力，《弟子规》强调的严谨的生活态度、求真务实的精神，以及专心致志的学习态度就十分重要。

孩子的教育是家长始终牵挂的问题。《弟子规》用简洁的语言总结了传统启蒙教育的精华内容，如果能够结合现代社会的特点加以利用，将有助于解决现代家庭教育中存在的许多难题。

第三节

学习《弟子规》的方法

学习《弟子规》时，家长要特别注意孔子“仁在礼先”的观点。在《论语·八佾》中，孔子说道：“绘事后素。”孔子认为，就像绘画时，先要有白色的底，然后才好上色，一个人只有心中有了仁，才能够以礼待人。

有位女士谈到她小时候的经历：

大概是八九岁时，我听到“香九龄，能温席”的故事。这个故事讲，东汉黄香在他九岁时，夏日会替父亲扇凉床铺，冬日会替父亲暖被窝。那时候，妈妈需要上夜班，从下午四点开始到半夜十二点。于是，我十一点半就去帮妈妈焐被窝，在她回来前，再回到自己的被子里。有一次，她问我是不是给她焐被窝了，我还说没有啊，不知道啊！

如果一个人对父母有深厚的感情，就会像这位女士那样，乐于向黄香学习。反过来，如果一个人没有怎么把父母放在心上，听了黄香的故事，可能就会无动于衷，甚至还会感到压抑和反感。这就是孔子所讲的“仁在礼先”的道理。

“仁在礼先”意味着，对于《弟子规》的主张，家长需要区别对待：对于自己完全认同的主张，可以考虑去做；对于自己还有保留意见的主张，就再体会体会，等思想和情感都到位了再去做；对于自己不认同的主张，就不用刻意去做。这样，家长就可以循序渐进地学习和掌握《弟子规》。

除了注意“仁在礼先”，学习《弟子规》时，家长还要发挥创造性和思辨能力。由于时代的变迁，《弟子规》中的一些内容现在并不能照着做，比如，“冬则温，夏则清”。对于这样的内容，家长可以学习它的精神，而不用遵循它的建议。还有的内容，由于人们已经长期没有这样的习惯，如果家长刻意照着做，就会显得很奇怪，例如，“揖深圆，拜恭敬”。对于这样的内容，家长要考虑别人的感受。还有的内容，《弟子规》讲得不完全符合实际，比如“行高者，名自高”“才大者，望自大”。在生活中，德才兼备的人未必会受人重视。对于这样的内容，家长要注意领会文字背后的意思。

“工欲善其事，必先利其器。”家长只有沉下心来，循序渐进地学习《弟子规》，做到不仅知其然而且知其所以然，才能够真正有效地用它来教育孩子。

个人练习

1.《弟子规》认为我们应该培养孩子哪七个方面的习惯呢？请明确这七个习惯的内涵。

2. 请谈谈钱伟长先生的故事给你带来怎样的触动。培养孩子的家国情怀对他们的成长有怎样的意义呢？

3. 读了那位女士八九岁时给妈妈焐被窝的故事，你有怎样的感想呢？请结合个人经历谈谈你希望孩子怎样对待你。

团体练习

分4～5人一组，小组成员一起完成个人练习3，然后轮流谈谈练习体会。

第二章

孝，让深情流动起来

《弟子规》“孝”这部分内容，是私塾老师对孩子的教育，而不是父母对孩子的要求。它以孩子对父母有纯粹、深厚的感情为前提，教孩子如何爱父母。成年人与父母的关系往往更为复杂，不妨把它看作怎么照顾父母的参考意见。这样，我们就可以心平气和地学习这部分内容。

第一节

积极满足父母的期待

“孝”的第一段：

父母呼，应勿缓；

父母命，行勿懒。

父母教，须敬听；

父母责，须顺承[①]。

【注释】

① 顺承：虚心听取批评意见，不要顶撞。

【译文】

父母叫你，要立即回应；父母吩咐你做事情，要立即去做。父母教导你，要恭敬地听；父母责备你，要能听进去。

学习《弟子规》，我们要对过去的生活条件有所了解。在《回忆我的母亲》一文中，朱德写道：

母亲一共生了十三个儿女。因为家境贫穷，无法全部养活，只留下了八个，以后再生下的被迫溺死了。这在母亲心里是多么惨痛悲哀和无可奈何的事情啊！母亲把八个孩子一手养大成人。可是她的时间大半被家务和耕种占去了，没法多照顾孩子，只好让孩子们在地里爬着。

母亲是个好劳动。从我能记忆时起，总是天不亮就起床。全家二十多口人，妇女们轮班煮饭，轮到就煮一年。母亲把饭煮了，还要种田，种菜，喂猪，养蚕，纺棉花。因为她身体高大结实，还能挑水挑粪。

母亲这样地整日劳碌着。我到四五岁时就很自然地在旁边帮她的忙，到八九岁时就不但能挑能背，还会种地了。记得那时我从私塾回家，常见母亲在灶上汗流满面地烧饭，我就悄悄把书一放，挑水或放牛去了。有的季节里，我上午读书，下午种地；一到农忙，便整日在地里跟着母亲劳动。这个时期母亲教给我许多生产知识。

在过去，一个家庭往往要调动一切资源解决温饱问题。在那样的条件下，孩子就需要参加生产劳动和做家务。这也是为什么《弟子规》讲“有余力，则学文”。对于过去普通家庭的孩子，读书是一件奢侈的事情。学习《弟子规》，我们要把这一点牢记在心。

“父母呼，应勿缓；父母命，行勿懒”：要及时响应父母的呼唤，并满足他们的要求。有的人不赞同这句话，认为它提倡的是对父母的盲从，但这样的认识并不正确。《弟子规》在下文讲道：“亲有过，谏使更。”它的意思是说，父母有过错时，子女要劝他们改正错误。所以，这句话说的是要及时满足父母合理的要求。

“父母教，须敬听；父母责，须顺承”：不论父母的话是否中听，都要把父母的意见放在心上。同样地，这也不是要盲从父母，而是要重视父母的意见。

有位女士谈到她处理和父母的冲突的经历：

大概是前年，爸妈让我给他们买去海南的机票。爸爸和我说，你给我买晚上十点的航班的机票，比白天航班的机票便宜。我怕他们不方便，也担心他们的安全，就问爸爸白天航班的机票多少钱。这时，妈妈说，贵一百多元，两人要多花三百元。我劝他们乘坐白天航班，但他们不听。我不耐烦地说：“又不用你们掏钱，便宜了，贵了，能差多少啊？”然后，我就给他们买了白天航班的机票。后来，妈妈抱怨说：“我想少花点钱，却挨了训。”其实，我也有些后悔，觉得自己对父母不够有耐心。

去年，我估计他们要开始准备去海南了，就主动问：

“你们提前告诉我去的时间，我找个最便宜的白天航班。这样，我送你们去郑州和返程时，开车的视线好，你们到海口时也是白天，咱们都放心。你们看怎么样?”在这次问话中，我把对他们的关心和他们对我的惦记都表达出来了。听我这么说，他们很爽快地同意了。

在第二次买机票时，这位女士虽然没有按父母以前的建议去做，但她充分考虑了父母多方面的需要，最后妥善地安排了父母的行程。她的做法形象地体现了“父母教，须敬听，父母责，须顺承”。

《弟子规》这段话提醒人们爱父母就要尽量满足他们的需要，并把他们的意见和要求放在心上。

第二节

照顾父母的起居，让父母安心

“孝”的第二段：

冬则温，夏则清[①]。

晨则省[②]，昏则定[③]。

出必告，反必面。

居有常，业无变。

【注释】

① 凊（qìng）：清凉。

② 省（xǐng）：问候。

③ 定：即晚上侍奉父母就寝。

【译文】

冬天为父母暖被，夏天为父母把床扇凉。晨起问候父母，晚上侍奉父母就寝。外出告知父母，回来当面禀报。生活有规律，职业要稳定。

"冬则温，夏则凊"：为父母上床休息做准备，让父母睡得更好一点。在过去的生活条件下，父母是否可以休息得好一点并不是小事。所以，孩子要在力所能及的范围内照顾父母。

对于现在的孩子，虽然父母通常不再需要他们参加生产劳动或做家务，但还是有必要适当地让他们承担一些家务。这有助于培养他们的家庭观念和劳动意识，并为他们将来成家后承担家庭责任打下基础。

"晨则省，昏则定"：早上要问候父母，并看看他们有什么吩咐；晚上也要照顾他们。

"出必告，反必面"：主动让父母知道行踪，同时方便自己为父母做事情。在当时的条件下，"出必告"，除了让父母安心，还可以征求父母的意见，看一看能不能走得开。"反必面"，让父母知道你回来了，这样父母就会感到踏实，同时有什么需要的话就可以请你协助。

现在，许多人由于不能跟父母生活在一起，就有规律地和父母保持联系，比如说，每周通一次电话。然而，只是电话沟通远远不够，常回家很重要。回家能起到以下两方面的作用：第一，可以更好地了解他们的饮食起居、健康等情况，特别是他们电话里不愿意说的事情；第二，让父母看到自己，满足他们的思念之情。

有位幼儿园教师谈到常回家对他的意义：

我以前在北京的一所学校工作，那时，我每年过年时回老家一次，一般在家住一个星期左右。随着年龄的增长，特别是看到奶奶、外婆一年比一年老，我感到很不安。于是，在去年我回到了南昌工作。

在北京时，父母怕我担心，很多事情都不告诉我。现在，我离他们近一些，回家比较方便了，对父母、奶奶、外婆的处境会多一些了解。今年元旦，我跟父亲去亲戚家做客。父亲和大家聊天时说道，老二现在离他们最近——我二哥住在县城，乘车约半个小时就到家了。父亲从不要求我们离家近一些，他觉得我们在外面有所发展就好了。从这次谈话，我看到我们离父母近一些，他们会更舒心一些。

2020年疫情期间，我在家里足足待了两个多月。我虽然有些焦虑，但能跟父母一起生活这么长时间，又觉得很满足。我庆幸传统文化让我懂得了主动去关心和照顾家人，让自己的内心舒畅了许多。

除了常回家看看，我们还可以更经常地让父母知道行踪，以及更主动地关心他们的需要。这样，即使做不到"出必告，反必面"，我们也可以让父母安心一些，并少一些孤单的感觉。

“居有常，业无变”：把自己平时的生活照顾好，并拥有稳定的职业。“居有常”，生活有规律，这对健康很重要。“业无变”，指不要轻易改变职业，干一行爱一行。做到这两点，父母就会比较放心。

《弟子规》这段话提醒人们除了照顾父母的起居，协助处理日常事务，还要让父母放心。

第三节

尊重父母对家庭事务的安排

"孝"的第三段:

事虽小,勿擅为;

苟擅为,子道[1]亏。

物虽小,勿私藏;

苟私藏,亲心伤。

【注释】

① 子道:指做孩子的本分,也就是孩子爱父母敬父母所需要遵循的道理。

【译文】

即使是小事,也不要自作主张;如果自作主张,就不够敬重父母。即使是小东西,也不要私自藏匿;如果偷偷占为己有,父母就会伤心。

“事虽小，勿擅为”：在做事情之前，要征求父母的意见。在孩子小的时候，父母常常会担心孩子由于不懂事做出伤害自己或别人的事情。如果孩子在做自己没有把握的事情前，可以征求父母的意见，父母就会省心很多。“事虽小，勿擅为”，既体现了孩子对父母的尊重和体贴，也有助于父母更好地照顾和指导孩子。

对于成年人，“事虽小，勿擅为”也是很好的提醒。如果我们做的事情会影响到父母，就要考虑征求父母的意见。有位女士谈到自己的经历：

回老家和父母一起住几天，对于看不惯的地方，我一般会直接动手收拾。我觉得自己是在给妈妈帮忙，让家里更“整洁”“合理”“有序”。没想到妈妈还不领情，她说：“你收拾完，我都找不着东西了。”后来，我和朋友说起这个事情，朋友提醒我说：“他们有他们的习惯，你要看看怎么做更适合他们。”从那以后，每次想收拾前，我都会先征求妈妈的意见。妈妈让收拾的，我绝不怕脏怕累；妈妈不让动的，我就不动了。

在父母晚年生活不能自理时，我们尤其需要尊重他们的想法。在父母生活不能自理的时候，照顾他们需要很大的付出。这个时候，我们能不能充分考虑他们的需要、他们的意愿，是检验我们对父母有多少感情的关口。

有位男士讲到一个老人的经历：

他原来精神还不错，后来由于生活不顺利，身体一下子变差了。他想去医院，但他孩子不赞同，结果就没去成。有的时候，有孩子比没有孩子还糟糕。

作为局外人，我们不好判断那个老人的孩子的做法是否合适。不过，过去父母为我们安排生活，在轮到我们安排他们的生活时，我们要重视他们的意见。如果我们不赞同父母的意见，就要给予适当的解释，这样，父母才会感到安心和欣慰。

“物虽小，勿私藏”：家庭的经济是一个整体，不要把家庭的财物私自占为己有，这是对家里其他人的关心。

《弟子规》这段话提醒人们要尊重父母对家庭事务的安排。对于成年人来说，由于我们变得成熟、有力量了，更要注意这一点。

第四节

关心父母的好恶

“孝”的第四段：

亲所好，力为具；
亲所恶，谨[①]为去。
身有伤，贻[②]亲忧；
德有伤，贻亲羞。

【注释】

① 谨：指认真的态度。

② 贻：留下。

【译文】

父母喜好的事情，努力为他们办到；父母厌恶的事情，用心做出改变。身体不健康，会让父母担忧；品德有污点，会让父母丢脸。

“亲所好，力为具”：尽量满足父母的喜好。老一辈在表达自己的需要时通常比较含蓄。想要照顾好父母，我们有时需要用心揣摩。有位女士谈到她在新冠肺炎疫情期间的经历：

因为疫情暴发，我申请了在家办公。在这段时间，我没有请钟点工来帮忙。正常上班后，公婆要带宝宝，上周周一到周五午饭都是面条，这让我很着急。上周末，我去买了菜，跟婆婆说，饭一定要吃好一点，要不，对身体不好。婆婆听后没说话。晚上，我跟老公说了这事。他跟我说他们是太累了。昨晚，我联系了钟点工，请她尽快上门服务。我告诉公婆这个消息后，他们很高兴，说话语气变得轻快了。这让我体会到满足他们真实的需要是多么重要。

“亲所恶，谨为去”：把父母担心、忧虑的事情放在心上，并想办法解决问题。一位女士谈到她照顾妈妈的经历：

妈妈特别担心失火，电器的电源插头每晚都要全部拔掉才放心。我和她解释了电路原理，但她还是不放心。后来，我用两个插座，其中一个插座插着夜间不用的电器的插头，这样阿姨在离开的时候，关掉这个插座的电源就切断了这些电器的电源。另一个插座专门插着夜灯，可单独开着。这样，妈妈就彻底放心了。

就像这位女士做得那样，如果有的事情对父母来说很重要，即使我们觉得没有必要，也不妨考虑去做。

“身有伤，贻亲忧”：身体不健康会让父母忧虑。有位女士谈到自己对这句话的体会：

2015年，我做了个大手术，2016年回去上班后工作比较忙，就经常加班。给父亲打电话的时候，我实话实说了。然后父亲每次打电话时都会说，你身体不好，就不要加班了，加班干啥啊。每周的电话里都是这几句朴素的话。5月份，身体出了一点状况，我突然明白了，不能这么透支身体了。我就和领导说要减少工作量，不再加班了，收入可以少一些，领导答应了。我和父亲说我不再加班后，他明显放心了，开心了很多。我这才深深理解“身有伤，贻亲忧”这几个字中所包含的深情。

“德有伤，贻亲羞”：品德有缺点，会让父母惭愧。如果孩子品行不好，父母就会认为自己培养得不好，因此会感到惭愧。爱父母，我们就要努力克服缺点，让父母少一些遗憾。

《弟子规》这段话提醒人们关心父母的好恶。父母深爱着我们，如果我们把父母的爱放在心上，就可以给我们动力来照顾好自己的身体以及改正缺点。此外，我们还要想着父母其他方面的需要，并尽量照顾他们。

第五节

在冲突中保持敬重

“孝”的第五段：

亲爱我，孝何难？
亲憎我，孝方贤。
亲有过，谏使更。
怡吾色，柔吾声。
谏不入，悦复谏。
号泣随，挞[1]无怨。

【注释】

① 挞（tà）：打。

【译文】

父母喜欢我，孝敬父母有什么难呢？父母厌恶我，孝敬父母才是有修养的表现。父母有过错，就劝他们改变。劝告时，要和颜悦色。父母不听，等他们开心时再劝。大声哭号请求，被打也无怨言。

“亲爱我，孝何难”：父母喜欢我们，和父母在一起的时候，我们就会比较放松，更有能力关心和照顾父母。

“亲憎我，孝方贤”：父母厌恶我们，我们就会很有压力，在这样的情况下，能够关心和照顾父母体现了我们良好的修养。

父母在担心孩子时，容易喋喋不休，甚至打骂孩子。面对来自父母的压力，为了维护自己的独立性，子女常常会对抗父母。“亲爱我，孝何难？亲憎我，孝方贤”，鼓励孩子知难而进，想办法照顾好父母。

在《资治通鉴直解》中，张居正讲到舜的故事：

舜的生母死得早，他的父亲瞽叟娶了后妻，后妻生了个儿子名叫象。舜的父母和象，都是极为愚昧的人。瞽叟听了后妻和象的谗言，想要和他们一起杀了舜。舜得知后，就设法躲避，使自己幸免于难。但他并没有因此怨恨父母和弟弟，而是更加恭敬地对待他们。

面对父母要害自己这样一种极端情形，舜仍然无怨无悔地去关心父母。舜做到了一般人做不到的事情，所以，舜成为古代中国人孝敬父母的榜样。

然而，如果父母不能慈爱地对待孩子，孩子就很难做到孝敬父母。在年幼时，如果父母的管教过于严格，孩子由于依赖父母，就会很压抑；成年后，如果父母勉强自己做事情，孩子由于父母的恩情，就会很纠结。所以，在与孩子发生冲突时，父母要多反省自己，而不要用“孝顺”来要求孩子。

“亲有过，谏使更”：父母有过错，要劝告他们改正。如果父母做得不对，我们不管不顾，那实际上是冷漠地对待他们。然而，在给父母提建议时，我们要慎重，切忌自以为是。此外，如果有的事情说了于事无补，我们就没有必要去说。

“怡吾色，柔吾声”：神情温和、声音温柔。在父母做的事情不符合我们心意的时候，我们可能不容易做到和颜悦色。但正因为如此，为了照顾父母，体现对父母的尊重，我们需要提醒自己“怡吾色，柔吾声”。

“谏不入，悦复谏”：不轻易放弃帮助父母改正错误，但要讲究方式方法，等父母心情比较好的时候再去说。有位男士谈到他给父亲提建议的经历：

有一次大哥打电话告诉我，父亲与叔叔有点冲突，他打电话劝父亲，父亲听不进去，他希望我去劝劝父亲。于是，我就打电话给父亲。我先向父亲问好，然后问他家里的活干完了没有。这时，父亲就开始抱怨，他很生气，说话的声音很大，说到激动处还会骂上几句。我安静地听父亲讲，有时也表达对他的理解和体贴，例如，“你很生气，你希望兄弟间可以重情重义？”等父亲声音缓和下来了，我就和父亲说叔叔可能是怎样考虑的。最后，父亲更安静了，还对我说，“你这样说也有道理”。

这位先生先安静地聆听父亲的话，并表达对他的理解和体贴，然后等父亲平静一些了再给他建议，这个过程体现了“谏不入，悦复谏”的精神。

“号泣随，挞无怨”：劝父母的时候，动之以情，即使被打骂，也无怨无悔。“号泣随”意味着，在某些情况下，我们表达内心强烈的感情，让父母感觉到我们深深的关切之情，来引起父母的重视。“挞无怨”是说，如果受到父母打骂，我们想到自己这么做是出于对父母深深的爱，也就无怨无悔了。

一位女士谈到她妈妈的经历：

多年前，六十多岁的妈妈和她的兄弟姐妹轮流照看高龄的姥姥。姥姥有时会提些不合理的要求，妈妈若不照做，姥姥就会打妈妈。回家后，我问妈妈：“姥姥打你，你怎么不躲呢？”妈妈说：“她那么大岁数了，也打不疼，让她打几下吧，她脾气不好，打不着我会生气的。”

“挞无怨”，这种不与父母计较的态度表达了对父母深深的爱，除非子女对父母的感情很深，否则很难做到。

如果父母做得不对，我们可以怎么办呢？《弟子规》这段话鼓励人们知难而进，注意方式方法，耐心地帮助父母改正错误。

第六节 精心照顾病中的亲人

“孝”的第六段：

亲有疾，药先尝，
昼夜侍，不离床。

【译文】

亲人生病了，送药时留意药汤的温度，如果有需要，不论白天黑夜，都在床边照顾他。

“亲有疾，药先尝”：亲人生病时，代尝药的温度。给病人的药汤，先尝一下，可以确保温度刚刚好。《史记·袁盎晁错列传》讲到汉文帝的故事：

汉文帝还是代王的时候，为了照顾病中的母亲，整整三年，都没有好好睡觉，休息时也不宽衣解带。此外，送给母亲的汤药，他都要自己先尝一尝。

汉文帝本可以安排人照顾母亲，但他却要亲力亲为，可见他对母亲的感情之深。

“昼夜侍，不离床”：亲人病重时，时刻陪伴在他们身边，全力以赴地照顾他们。一位女士在回忆爷爷时说：

爷爷非常疼爱我，十四五岁时，每天放学后我都会和他聊学校发生的事情。他也爱和我讲他的人生经历和自己的感悟。虽然那时候我听不太明白，但我会乖乖地坐着听他说。这些年，我在外地工作，回去少了，也很少与他交流。他每次找我聊的时候，我都心不在焉，甚至会不耐烦，觉得他唠叨。我当时的想法很简单，觉得每次回去给他钱，买东西给他，就是对他孝顺了。那些唠唠叨叨就留着下次回去再听吧！然而，爷爷的去世很突然，让我感到十分后悔和遗憾。我虽然用自己的方式去表达对爷爷的爱，可是那并不是适合他的方式。

爷爷在离世前的一周给我打过电话，告诉我他住院了。我以为他的老毛病发作了，没什么要紧的，加上正忙着做一些事情，就敷衍了他几句。周末，我去医院看他，他的精神时好时坏。老公对我说：“要不你请假在家吧，我感觉爷爷状态不好。”我当时觉得老公胡说，想着这两天忙完手头的事情，然后就休年假在家。可是，我刚回南京工作两天，就接到了妈妈的电话，她让我赶紧回家。我当时感觉很懵，在回去的路上想了很多事情，也做了一些心理准备，觉得最坏的是陪他走完最后一刻。但回到家的时候，爷爷已经走了。姑姑们告诉我，他临走前一直在问我什么时候回来，都在喊我的名字。我到现在都不敢回想那几天的事情，除了悲伤，还有让我很难承受的悔恨。我突然就特别理解“子欲养而亲不待”这句话。爷爷最大的愿望是我和奶奶的关系可以亲近一些，我会尽力地对奶奶多一点关心，但还是会觉得内心很空，不知道怎么补。

在亲人病重的时候，尽心照顾亲人，符合亲人的需要，也是我们表达对亲人的深情的机会。“子欲养而亲不待”，是一种无法弥补的遗憾。《弟子规》这段话提醒人们在亲人生病时，要静下心来精心照顾他们。

第七节

妥善处理亲人的身后事

"孝"的第七段：

丧三年，常悲咽，
居处变①，酒肉绝。
丧尽礼，祭尽诚，
事死者，如事生。

【注释】

① 居处变：调整生活方式。居处，指日常生活。

【译文】

父母去世后，守丧要满三年，常常伤心哭泣，放下平时的事务，不再饮酒吃肉。丧礼要到位，祭祀要尽心，对待亲人要和他们生前一样。

“丧三年，常悲咽”：如果父母去世，要给自己时间，好好体会自己对父母的感情。在《我的母亲》中，老舍写道：

“七七”抗战，我由济南逃出来。北平又像庚子那年似的被鬼子占据了。可是母亲日夜惦念的幼子却跑西南来。母亲怎样想念我，我可以想象得到，可是我不能回去。每逢接到家信，我总不敢马上拆看，我怕，怕，怕，怕有那不祥的消息。人，即使活到八九十岁，有母亲便可以多少还有点儿孩子气。失了慈母便像花插在瓶子里，虽然还有色有香，却失去了根。有母亲的人，心里是安定的。我怕，怕，怕家信中带来不好的消息，告诉我已是失了根的花草。

去年一年，我在家信中找不到关于老母的起居情况。我疑虑，害怕。我想象得到，若有不幸，家中念我流亡孤苦，或不忍相告。母亲的生日是在九月，我在八月半写去祝寿的信，算计着会在寿日之前到达。信中嘱咐千万把寿日的详情写来，使我不再疑虑。十二月二十六日，由文化劳军的大会上回来，我接到家信。我不敢拆读，就寝前，我拆开信，母亲已去世一年了！

生命是母亲给我的。我之能长大成人，是母亲的血汗灌养的。我之能成为一个不十分坏的人，是母亲感化的。我的性格、习惯，是母亲传给的。她一世未曾享过一天福，临死还吃的是粗粮。唉！还说什么呢？心痛！心痛！

父母去世以后，子女一般都会感到巨大的悲痛。这个时候，子女要提醒自己把手头的事情放一放，给自己足够的时间和空间，多想想父母，多体会自己。在守丧期间，子女会经常感到悲伤。

“居处变，酒肉绝”：改变生活习惯，让生活变得简单，包括不再饮酒吃肉。在过去，对普通人来说，酒肉是奢侈品，守丧的人心怀悲痛，就不会有心思享用这些。

如何面对亲人的去世？“丧三年，常悲咽，居处变，酒肉绝”这一句实际上包含两个要点。第一个要点是，给自己时间去体会自己，感受自己对父母的思念之情。在古代，为什么守丧是三年呢？《论语·阳货》讲到下面的故事：

孔子的弟子宰我请教孔子守丧一年是不是就够了。孔子对宰我说，如果那样做，你会安心的话，那你就守丧一年吧。宰我走后，孔子担心宰我误会自己，又对人说道：“宰我对父母的感情很一般啊！人出生三年后，才能脱离父母的怀抱，所以，天下人守丧三年。宰我难道不是这样吗？”

孔子认为，宰我想要守丧一年反映了他对父母感情的淡漠；而守丧三年，才足以表达人正常的感情。孔子讲的代表古人的看法。在现代社会，我们很难有这样的条件，但守丧还是必要的。

第二个要点是，要节哀。父母去世后，子女感到巨大的悲痛，需要调整生活方式来面对变故，这是必要的。但生活还要继续，子女也要注意节哀，不能沉溺于悲痛之中。

“丧尽礼，祭尽诚，事死者，如事生”：要用心办好丧事和祭祀。丧礼和祭祀给子女表达自己对父母的感情的机会，以及保持与父母精神上的联系，这是一个人人生极为重要的事情。

下面是一位女士在妈妈去世后的一些感受：

很久以前，我觉得丧礼、祭祀有点走过场。有人说，父母活着的时候，对他们好一点，死了以后，丧事是做给活人看的。我现在不同意这样的观点。我觉得丧礼和祭祀的安排非常符合人情。去年我妈妈去世的时候，我就在拼命地想，她可能还有什么愿望呢？请谁来跟她告别呢？在告别仪式上，怎么介绍她的生平，让亲朋好友了解和缅怀呢？在给妈妈守夜的时候，我看着她的照片，看着看着，眼泪就下来了，然后会跟她说一些我想让她听到的话，仿佛她能听到一样。当时点香是不能断的，每次换香，我都会感到欣慰。因为我没有错过时间，这让我觉得自己好像还能为妈妈做点什么。这个过程让我可以慢慢接受这个事实。

我感觉用心地去完成这些事情，似乎是在帮助自己表达对妈妈的感情，然后心里才平静一些。祭祀也是一样，因为自己的亲人去世了，到了各种节日，清明啊，鬼节啊，就希望借助这些节日来跟亲人说说话，给他们一些祝福，也给他们烧一些纸钱。这不能说是迷信，这个时候，我是宁可信其有的。亲人走后，我们有太多的遗憾，还有很多的思念，所以，这些仪式是非常体贴人的一种安排。

这位女士的经历可以帮助我们理解丧礼和祭祀的作用：通过“事死者，如事生”，我们和已经去世的亲人在感情上仍然紧密相连，他们仍然活在我们的心中，这既告慰逝者的在天之灵，也给生者带来安慰。

《弟子规》这段话提醒人们父母去世后可以怎么做。如果一个人对父母有深厚的感情，这些提醒就可以帮助他更好地面对生活的变故。

第八节

与兄弟姐妹和睦相处

“孝”的第八段：

兄道友，弟道恭，

兄弟睦，孝在中。

财物轻，怨何生？

言语忍，忿自泯。

【译文】

哥哥要友爱地对待弟弟，弟弟要恭敬地对待哥哥，兄弟和睦相处，就是孝。财物分配常引发争执，看轻财物，那还会因财生怨吗？不友善的语言常激发矛盾，克制自己，愤怒就会消退。

“兄道友，弟道恭”：哥哥对待弟弟的方式是“友”，弟弟对待哥哥的方式是“恭”。孔融让梨的故事讲道：

孔融四岁时，和兄长们一起吃梨，总是挑小的吃。大人就问他为什么要这样。他说道：“我是小的，自然该取小的。”

孔融小小年纪，就能够谦让，做到了“恭”，所以，他的行为广为称道。如果孔融的兄长们吃梨时有意地多留一些给年纪小的弟弟们，那就体现了“友”。“兄友”“弟恭”，兄弟之间互爱互敬，彼此就能和睦相处。

在“兄友弟恭”的启发下，有位年轻的妈妈引导老大去关心老二：

昨天，兄弟两人到博物馆参加活动。准备东西的时候，我让老大保管老二的身份证，请他多照顾老二。老大对老二说：“博物馆人很多，弟弟，你一定不能乱跑，跟着我。”我对他说，弟弟背一大壶水，路上可能会觉得累。老大马上说：“没关系，弟弟，你累了，我给你背水壶。”老二很感动，立即回答：“哥哥，等会儿上了车，你是一号，我是二号。”

这位妈妈请哥哥照顾弟弟，激发了哥哥的责任感，同时也让弟弟更加敬重哥哥。

“兄弟睦，孝在中”：和兄弟姐妹相亲相爱，就体现了孝。《中庸》讲道：

《诗》云：“妻子好合，如鼓瑟琴。兄弟既翕，和乐且耽。宜尔室家，乐尔妻孥。”子曰：“父母其顺矣乎！”

这段话的意思是说，读到《诗经》描绘的夫妻融洽、兄弟和睦的情境，孔子赞叹说，如果一个人能够做到这一点，那他父母的心情会多么畅快啊！做父母的都希望子女家庭幸福，和睦相处。如果我们把父母的这个心愿牢记在心，处理好与兄弟姐妹的关系，也就表达了对父母的爱和敬。

“财物轻，怨何生”：不过于计较财物的得失，兄弟姐妹之间就不容易结怨。如果子女认为父母不公平，给自己给得少，或为自己做得少，就会心生怨气。反之，如果子女能够不计较父母为自己做得多还是做得少，给得多还是给得少，就不容易心生怨气。这不仅有助于子女处理好和父母的关系，还有助于处理好他们和兄弟姐妹的关系。

“言语忍，忿自泯”：生气时，不要说气话，让彼此留下心结。兄弟姐妹之间难免会有冲突。“言语忍”，不是让人硬憋着。硬憋，心还是硬的，并不会带来真正的和睦。它的意思是说，我们心甘情愿地克制自己，而不计较他们的态度。怎么做到这一点呢？我们可以想起父母的期待，以及兄弟姐妹之间的亲情：在人生面临严峻挑战的时候，兄弟姐妹往往是我们的依靠。一旦我们心里充满感情，就有可能做到不计较。如果我们不计较，做到“言语忍”，那他们也可能打开心结，达到“忿自泯”。

《弟子规》这段话教人们处理与兄弟姐妹的关系。如果我们把父母的心愿牢记在心，我们就会更积极主动地了解和关心兄弟姐妹的需要，多一些谦让和不计较。

个人练习

1.《庄子·人间世》讲道:“子之爱亲,命也,不可解于心。”庄子认为,子女对父母有着无法割舍的情感。你怎么看待庄子的这个观点呢?

2. 你觉得自己可以怎样更好地照顾父母呢?请列举你准备去做的三件事情。

3. 请谈谈祭祀的意义。

团体练习

分 4～5 人一组,一起完成以下练习:

每个人轮流谈谈父母让自己感到钦佩的一件事情,等所有人都完成分享后,再谈谈对这个练习的体会。

第三章

悌，表达对长辈的敬重

《弟子规》“悌”这部分内容教孩子对待长辈或年长的人的礼节。年轻一代的成长离不开前辈打下的基础和他们的提携。学习这方面的礼节，除了可以让我们更好地表达对长辈的敬重，还可以让我们更好地指导孩子。

第一节

对待长辈的礼节

“悌”的第一段：

或饮食，或坐走，

长者先，幼者后。

长呼人，即代叫，

人不在，己即到。

【译文】

不论吃饭、坐或出行，晚辈要礼让长辈。长辈叫人，就帮忙代叫，如果人不在，自己就前去帮忙。

“或饮食，或坐走，长者先，幼者后”：吃饭、坐或者行走，让长辈优先。想要吃好吃的，想要舒适些、方便些，是人常有的心理。所以，在吃饭、坐和走路的时候，我们要注意礼让长辈。

“长呼人，即代叫，人不在，己即到”：在长辈需要协助时，热情地帮助他们。除了要礼让，我们还要积极行动起来，成为长辈的好帮手。

“悌”的第二段：

称尊长，勿呼名；

对尊长，勿见[1]能。

路遇长，疾趋[2]揖[3]，

长无言，退恭立。

骑下马，乘下车，

过犹待，百步余。

【注释】

① 见(xiàn)：炫耀。

② 疾趋：快步向前。

③ 揖(yī)：拱手行礼。

【译文】

称呼长辈，不要叫名字；在长辈面前，不要逞能。路上碰见长辈，快步上前行礼，长辈没有吩咐，就退后恭敬地站着。如果自己骑马乘车，就要下马下车，等长辈走远了，才离开。

“称尊长，勿呼名”：称呼长辈时，要使用尊称。称呼提醒我们对方是什么人，以及该怎么对待他。小时候，大人会提醒我们说，这个是叔叔，这个是阿姨。通过这些称呼，我们一方面界定了自己与他们的关系，另一方面表达了对他们的敬意。

“对尊长，勿见能”：在长辈面前，不要逞能。这是培养孩子谦虚的态度。

在《八十忆双亲・师友杂忆》中，钱穆先生讲到他父亲教育他做人要谦虚的故事。下面是这个故事的主要情节：

九岁时，钱穆当众表演《三国演义》中诸葛亮舌战群儒的片段。他表演得很出色，大家纷纷向钱父夸奖他，但钱父一句话也没说。当天，钱父也没有说钱穆有什么不对。

钱父选择了其他的时机去教育他。第二天，在去前一天晚上去的那个地方的路上，父子俩路过一座桥，钱父就问钱穆：“你认得‘桥’这个字吗？”钱穆点头说：“认识。”然后钱父接着问：“‘桥’字是什么旁呢？”钱穆回答：“‘木’字旁。”然后，钱父又问：“如果‘木’字旁换成‘马’字旁，那个字你认得吗？”钱穆回答：“认得，是‘骄’字。”钱父就问：“‘骄’字是什么含义，你知道吗？”钱穆点头说：“知道。”这个时候，钱父挽着他的手臂轻声地问：“昨晚你的表现是不是有些接近这个‘骄’字呢？”

这个时候，钱穆就像听到雷声轰然作响，低下头不再说话。后来，等他们到了聚会的场所，大家请钱穆表演《三国演义》的其他片段时，他看上去忸怩不安，于是就不勉强他了。

传统教育主张培养人谦虚的态度。“对尊长，勿见能”，不是说对一般人就不要谦虚，而是强调对长辈更要有谦虚的态度。

“路遇长，疾趋揖”：遇到长辈，要快步上前问候。这是表达我们对长辈的关心的方式。如果长辈有什么需要，我们就可以协助他们。

“长无言，退恭立”：长辈没有吩咐，就退到一旁目送。这也是表达对长辈的关心的方式。过去的通讯不如现在方便，如果长辈又有话对晚辈说，就容易找到晚辈。

“骑下马，乘下车，过犹待，百步余”：晚辈要下马下车，方便长辈和他说话，长辈过去了，晚辈也别急着走。这和“退恭立”一样，既表达了对长辈的敬重，也让长辈方便找晚辈办事。

虽然现代的交通方式和过去大不相同，但我们可以参考这个礼节来表达对长辈的敬重。一位年轻的妈妈谈到这句话对她的启发：

我父母送我们到火车站，告别后，我和孩子目送他们走远了，然后再进站。这么做的时候，我感觉很自然，因为我打心眼里感激和想念父母。同时，这也是教孩子“骑下马，乘下车，过犹待，百步余”这句话所包含的道理。

"悌"的第三段：

长者立，幼勿坐；
长者坐，命乃坐。
尊长前，声要低，
低不闻，却非宜。
进必趋，退必迟；
问起对，视勿移。

【译文】

长辈站着，晚辈不要坐；长辈坐着，请你坐你才坐。在长辈面前说话，声音要低，但太低让长辈听不清，却不合适。上前的时候快一点，告退的时候慢一点；长辈有问题，就站起来回答，但不要东张西望。

"长者立，幼勿坐；长者坐，命乃坐"：把方便让给长辈，同时准备为长辈做事情。坐着比较安稳，站着方便行动，晚辈保持站着，方便为长辈做事情。

"尊长前，声要低，低不闻，却非宜"：和长辈说话，不要大呼小叫，但要让长辈听得清。特别是和上了年纪的长辈谈话，他们听力可能不太好，这个时候，晚辈要不怕麻烦，说话时大声一点。

“进必趋，退必迟；问起对，视勿移”：遇见长辈要热情，回答问题要郑重。站起来回答问题，与坐着回答问题相比，更能体现对提问者的尊重。在回答问题时，看着长辈，也反映了庄重的态度。

“悌”的第四段：

事诸父，如事父；
事诸兄，如事兄。

【译文】

对待叔伯，像对待父亲那样；对待族兄，像对待自己的兄长那样。

“事诸父，如事父；事诸兄，如事兄”：要像对待自己的父兄一样，对待族中比自己年长的人。这是教孩子做一个重情义的人。过去的人一般是聚族而居，孩子的成长离不开族人的关心和爱护。所以，古人不仅强调要培养孩子“入则孝”，还强调要培养孩子“出则悌”。

有位男士谈到他对长辈的态度的转变：

学习传统文化后，我尤其喜欢听长辈讲过去的故事。比如说，父亲告诉我，他和母亲曾和三叔、三婶住在一个房子里，母亲与三婶需要共用厨房，虽然两个灶台挨着，但一起住了四年，母亲和三婶从来没有发生矛盾。他还说，爷爷辈一起住在一个大房子里，共有十来家人，每家人住一个房间，但大家不仅很少有矛盾，还常常其乐融融地在堂屋聊天。

通过聆听这些故事，我对长辈有了更多的敬重，对家乡有了更深的亲近感。长辈身上展现的谦让、担当、勤俭等优秀品质，深深地激励着我。以前过年回家，我会觉得没意思，不喜欢去亲戚家拜年，能不去就不去，就算去了，也会着急离开。现在，过年回家，我会主动去亲戚家拜年，了解他们的近况，也听他们说说过去的事情。此外，在路上遇到长辈时，我都会热情地问候他们。

在《论语·八佾》中，孔子讲道："人而不仁，如礼何？"如果我们看不起长辈，那我们对待他们的礼节只是表面形式。反之，如果我们敬佩长辈，那我们就能够以礼相待。

《弟子规》"悌"这部分内容提醒晚辈要对长辈保持敬重，留意他们的需要，并随时准备采取行动照顾他们。

第二节
建设性地解决冲突

在与父母发生冲突时，《弟子规》提到子女要保持敬重和建设性地解决问题。“悌”这部分的最后一段讲到，“事诸父，如事父；事诸兄，如事兄”。也就是说，在与长辈发生冲突时，晚辈也要做到这一点。

在《八十忆双亲·师友杂忆》中，钱穆先生讲到他父亲处理与族中长辈的冲突的故事。下面的内容是对当时情况的介绍：

钱氏七房桥一族，分为七房，有三个义庄，其中怀海义庄最先设立，规模也最大。怀海义庄由老大房祖先设立。这一房五世同堂后最为贫苦，共处一宅。但义庄的庄产由富有的三房（下文简称富三房）轮流管理，贫苦的老大房不能过问。钱父特别同情宅中的孤儿寡妇，多次和富三房协商，请求救济，但富三房不同意。于是，钱父就投诉到无锡县衙。接着，义庄经管人联合富三房抗诉。

从七房桥到县衙，有几十里远。富三房的人乘坐大船，可坐可卧，还有人做饭。钱父体弱，从陆路走，清晨出发，下午才到，到了以后十分疲惫。知县看了钱父的诉状后，认为他的诉求理由充分，但又担心他是年少好事。此外，他看到三个抗辩人都是钱父的叔伯辈，年长一倍以上，讲究礼节，熟悉官场应酬。知县一再权衡后，请双方回去协商解决。几个月后，他们协商不成，再次发生诉讼。这时，富三房的人欣赏钱父的为人，又同情他家贫体弱，就邀请他乘船。钱父接受了他们的好意，同船去，同船回。到达后，富三房的人还邀请他一起住。然而，到了县衙，双方还是坚持彼此的意见。

这样多次往返，知县就深知他的为人了。有一天，知县招钱父私谈，问他让五世同堂这一房管理义庄怎么样。钱父说，房中长辈不熟悉这种事情，恐怕管不好。知县又对他说，那就应当由你来负责。钱父说自己年纪轻，辈分低，更不适合。接着，钱父建议，仍由富三房管理，并推荐二房某叔父。

第二天，知县把四人叫来。知县说："同族的人理当和睦相处，你们的纠纷长期得不到解决，这非常不好。我想到一个兼顾双方的办法，希望能平息争议。你们看看是不是可行？"双方听了，都没有说话。接着，知县问钱父："按照其他三人的意见，义庄仍由富三房轮流掌管，你是否能够接受？"钱父答道："我一向希望如此。"知县又和另三人说："现在根据起诉方的意见，义庄另外选一个管理人，来安排抚恤、救济等事情，你们看怎么样？”三人都点头表示接受。知县又问钱父提到的二房某叔父：“这个事情不太好办理，想麻烦你，你看如何？”钱父的这位叔父答道：“长官为我们族中的事情这么操心，我虽然不胜任，但回去后会和起诉人仔细探讨，也许可以不辜负长官的厚爱。”知县说：“很好！”这个诉讼就这样得到了解决。

在解决这个事情的过程中，自始至终，钱父对长辈都以礼相待。特别是，在知县想让他管理义庄时，他觉得不妥，建议仍由富三房掌管。最后，最终的解决方案既满足了他的诉求，又维护了他与长辈的关系。

钱父处理这个事情的方法符合传统的价值观。我们的传统主张“出则悌”，并不是要求晚辈无条件地服从长辈，而是希望晚辈对自己的长辈有一份情，即使在冲突中，对他们也能保持尊重。

个人练习

1. 回忆你的童年，想起一位你特别感激的长辈，然后再想一想他为你做的事情，对你人生的意义。

2. 你觉得自己可以怎样更好地表达对长辈的敬重呢？请列举三件你准备去做的事情。

3. 谈谈钱穆父亲处理与富三房的冲突的方式给你的启发。

团体练习

分4～5人一组完成以下练习：组员回忆一位自己敬重的长辈，然后谈谈长辈给自己留下深刻印象的几件事，以及他对自己人生的积极影响。等所有人都完成分享后，每个人再谈谈练习体会。

第四章

谨，培养庄重的生活态度

《弟子规》“谨”这部分内容从作息、穿衣、饮食、坐立行、做事的态度等多方面培养孩子的生活习惯。作为家长，我们也要在这些方面训练自己。这样，在教育孩子的过程中，我们就可以和他们分享心得，帮助他们更好地面对实践中的困难。

第一节

起居有常，饮食有节

“谨”的第一段：

朝起早，夜眠迟，
老易至，惜此时。
晨必盥①，兼漱口，
便溺②回，辄③净手。

【注释】

① 盥(guàn)：洗(手、脸)。
② 溺(niào)：同“尿”。
③ 辄(zhé)：总是。

【译文】

早上要早起，晚上要晚睡，人生短暂，要珍惜时间。早上要洗脸和漱口，上厕所后，要洗手。

“朝起早，夜眠迟，老易至，惜此时”：珍惜时间，不要好逸恶劳。《晋书》讲到祖逖闻鸡起舞的故事：

祖逖是东晋人，年轻时就胸怀大志，想要恢复中原。后来，他和刘琨一起在司州主管文书。他们俩是好朋友，晚上睡在同一个房间里，半夜听到鸡叫后，祖逖踢醒刘琨说："这不是令人讨厌的声音。"然后，他就起床练剑。

祖逖的故事体现了培养志向的重要性。如果家长能够培养孩子成为一个有理想、有追求的人，那他就会懂得爱惜时间。

"夜眠迟"，是希望孩子在晚上用功学习。《晋书》还讲到车胤囊萤夜读的故事：

晋朝有个大臣名叫车胤，他从小热爱学习，但家庭贫困，经常没有油点灯。于是，他就想了个办法，在夏天的时候，用白色的绢子做袋，抓数十只萤火虫放在里面，然后当作灯来照明。

囊萤夜读反映了车胤的勤奋，也说明了古人学习的不易。现在的孩子普遍睡得晚，我们既要鼓励他们利用好晚上的时间，也要提醒他们注意休息。

"晨必盥，兼漱口，便溺回，辄净手"：要养成良好的卫生习惯。有位年轻的妈妈谈到这一句对她的启发：

"晨必盥，兼漱口"，这一条多简单！过去，他们能自己穿好衣服去幼儿园，我就很满意了。我从没有考虑让他们漱口这个事情。后来，他们很快就接受了这个新的要求。要开始新的一天了，洗脸，漱口，顺便揉揉鼻子，大鼻涕出来了，鼻炎也好了！

这位妈妈的经历反映了培养孩子卫生习惯的重要性。

“谨”的第二段：

冠必正，纽[1]必结，

袜与履[2]，俱紧切[3]。

置冠服，有定位，

勿乱顿[4]，致污秽。

衣贵洁，不贵华，

上循[5]分[6]，下称[7]家。

【注释】

① 纽：纽扣。

② 履(lǚ)：鞋。

③ 切(qiè)：贴近。

④ 顿：放置。

⑤ 循：符合。

⑥ 分(fèn)：身份。

⑦ 称(chèn)：适合。

【译文】

帽子要戴正，纽扣要系上，袜子要穿好，鞋带要系紧。放帽子和衣服，要有固定的位置，不要乱放，以免弄脏了。衣服贵在整洁，不贵奢侈，既要符合身份，又要考虑家庭条件。

“冠必正，纽必结，袜与履，俱紧切”：着装要整齐。《左传》中讲到晋国大臣赵盾和刺客的故事：

春秋时期，晋灵公横征暴敛，草菅人命。他在高台上用弹弓射行人，观看他们躲避弹丸时的样子。厨师做熊掌没熟透，他就把厨师杀了。大臣赵盾和士季为晋灵公的无道感到忧虑。士季先去劝谏，晋灵公表面上答应要改，但实际上并没有改。接着，赵盾多次劝谏晋灵公。这让晋灵公对他深恶痛绝。

晋灵公派鉏麑去刺杀他。鉏麑一大早就去赵盾家，看到赵盾已经离开卧室，穿上朝服准备上朝了。由于时候尚早，赵盾就坐在那里打盹。鉏麑叹道：“赵盾一心为国，是真的替百姓着想的人。杀了这样的人，是不忠；违背君命，是不信。既然我要么不忠，要么不信，那还不如去死。”鉏麑一头撞向槐树，然后死了。

赵盾早早就穿戴整齐准备上朝，体现了他对国家的忠诚。这感动了鉏麑，使他不忍心伤害赵盾。着装是否整齐反映了一个人待人接物时的态度。让孩子注意自己的着装，可以从小培养他郑重地待人接物的态度。

“置冠服，有定位，勿乱顿，致污秽”：衣物要保管好。教孩子保管好衣物，可以培养他爱惜财物的习惯。另外，现在的孩子很少做家务，让孩子注意保持服装整洁，也是教他们关心和体贴父母。

“衣贵洁，不贵华，上循分，下称家”：着装的关键在整洁，并要考虑身份和家庭经济状况。有的孩子喜欢奢侈品或自己喜欢的明星代言的品牌。这个时候，如果想让孩子不要追求贵重的服装或奢侈品，家长就要让孩子看到更值得追求的目标，比如，“上循分，下称家”。一旦孩子有主见，他就不会被周围的环境牵着走。

“谨”的第三段：

对饮食，勿拣择，
食适可，勿过则。
年方少，勿饮酒，
饮酒醉，最为丑。

【译文】

吃饭不要挑食，也不要过饱，适可而止。年纪轻的时候，不要喝酒，喝醉酒，是最大的丑事。

“对饮食，勿拣择，食适可，勿过则”：饮食要注意营养的均衡，同时不要过量。在《关于青年的修养》一文中，叶圣陶先生谈到克制不合理的欲望的必要性：

节制和勤勉等德性看似平淡无奇，却是任何人从事任何事业所必须具备的条件。不能运用自己坚强的意志力量来克制不合理的欲望，其结果必致为欲望所牵制，无法保持自己的节操。又如一味散懒成性，苟且因循，任何学问或事业就都难望有成功。

饮食有节，不仅对健康十分重要，而且可以培养自己克制不合理的欲望的习惯。这是我们提高自我修养尤其要重视的一个方面。

“年方少，勿饮酒，饮酒醉，最为丑”：不要饮酒，醉酒是最让人难堪的事情。在《孟子·离娄下》中，孟子讲道：“禹恶旨酒，而好善言。”禹是古代的圣人，孟子说他厌恶美酒，而喜欢有益的观点。这是因为美酒容易让人上瘾，有益的观点可以使人进步。禹“恶旨酒”，是防微杜渐。同样地，“年方少，勿饮酒”也可以起到这个作用。

“谨”的第四段：

步从容，立端正，
揖深圆，拜恭敬。
勿践阈①，勿跛倚②，
勿箕踞③，勿摇髀④。

【注释】

① 阈(yù):门槛。

② 跛倚(bì yǐ):站不正。

③ 箕踞(jī jù):张开双腿坐着,像簸箕。

④ 髀(bì):大腿。

【译文】

走路要从容,站立要端正,作揖要深圆,跪拜要恭敬。不要踩门槛,不要斜着站,不叉开腿坐,也不要抖大腿。

这段话讲身体的姿势,教孩子"坐有坐相,站有站相",不要养成懒散的习惯。如果孩子上学后,坐得不端正,站得歪歪扭扭的,那反映了他的学习态度也不端正。这个时候,端正姿势,也是端正学习态度。

"谨"的第五段:

缓揭帘,勿有声;
宽转弯,勿触棱。
执虚器,如执盈;
入虚室,如有人。

【译文】

揭帘要从容，不要有声音；转弯弧度要大，不要碰到棱角。拿空的器皿，就像装有东西；到空的房间，仿佛里面有人。

“缓揭帘，勿有声”：除了不会吵到人，还可以避免揭帘子时磕碰到人。在《两种习惯养成不得》一文中，叶圣陶先生谈到“妨害他人的习惯”最要不得：

走进一间屋子，“砰”的一声把门推开，喉间一口痰涌上来了，“扑”的一声吐在地上，这些都好像是无关紧要的事。但是很关紧要，因为这些习惯都将妨害他人。屋子里若有人在那里做事看书，他们的心思正集中，被你“砰”的一声，他们的心思扰乱了，这是受了你的影响。你的痰里倘若有些传染病菌，“扑”的一声吐在地上，这些病菌就有传染给张三或李四的可能，他们因而害起病来，这是受了你的影响。所以这种习惯是“妨害他人的习惯”，最要不得。在“习惯成自然”之后，“砰”的一声与“扑”的一声将会行所无事，也就是说，妨害他人将会行所无事。一个人如果明了自己与他人的密切关系，不愿意妨害他人，给他人不好的影响，就该随时强制，随时警觉，不要养成妨害他人的习惯。不问屋子里有没有人，你推门进去总是轻轻的，不问你的痰里有没有传染病菌，你总是把它吐在手绢或纸片上，这样“习惯成自然”，你就在推门与吐痰两件事上不致妨害他人了。推广开来说，凡是为非作歹的人，他们为非作歹的原因固然有许多，也可以用一句话来包括，他们的病根在养成了妨害他人的习惯。

为了避免孩子养成妨害他人的习惯，家长要帮助孩子在日常生活中养成照顾他人的习惯，比如，“缓揭帘，勿有声”。

“宽转弯，勿触棱”：不撞到东西，就不会伤到自己，也不会撞翻东西。

“执虚器，如执盈”：就算手上的东西比较轻，拿的时候也不要大意。

“入虚室，如有人”：在没有人的时候，不要放纵自己。古人讲“慎独”，就是强调在独处的时候也不要懈怠，以免养成坏习惯。

《弟子规》这一节的内容提醒人们从饮食、坐立行等方面养成良好的生活习惯。如果家长能够养成起居有常、饮食有节等好习惯，对孩子就是一个生动的示范。

第二节

稳妥地处理日常事务

“谨”的第六段：

事勿忙，忙多错；
勿畏难，勿轻略[①]。
斗闹场，绝勿近；
邪僻事，绝勿问。

【注释】

① 轻略：粗心大意。

【译文】

做事不要匆忙，匆忙错误就多；不要害怕困难，不要轻率大意。斗殴嘈杂的场合，绝对不要靠近；邪门歪道的事情，绝对不要过问。

“事勿忙，忙多错”：做事要从容，以免忙中出错。

“勿畏难，勿轻略”：该做的事情既不害怕困难，也不轻率大意。我国两弹一星功勋奖章获得者钱学森同志从美国回国的经历就体现了这一点。新中国诞生后，钱学森想要返回祖国，为新中国贡献自己的力量。1950 年，为了阻挠钱学森回国，美国政府就对钱学森施加迫害。他先是在一个拘留所被关押了十五天，后又长期处于被限制自由的状态。在《钱学森——中国人民的骄傲》一文中，刘敬智同志写道：

美国移民局非法限制钱学森的自由，要求他每月到移民局报到一次，并且不准离开他所在的洛杉矶。联邦调查局的特务一直监视他，时常闯入他的研究室和住宅捣乱。他的信件和电话也都受到了检查。

为了减少朋友们的麻烦，整整五年的时间内，钱学森基本上处在与世隔绝的境地。但是，这种变相软禁的生活，并没有磨掉钱学森夫妇返回祖国的意志。他的夫人蒋英回忆说："那几年，我们总是摆好三只轻便的小箱子，天天准备随时可以搭飞机动身回国。"

1955 年 6 月，钱学森想办法寄了一封密信回国求救。后来，在我国政府的营救下，钱学森一家终于回到了祖国。

"斗闹场，绝勿近"：出门在外，要有安全意识。

"邪僻事，绝勿问"：鬼鬼祟祟的事情，或者稀奇古怪的事情不要去问。如果有人讲鬼怪的故事，孩子可能会被吓怕；如果听到一些不好的事情，孩子可能会学坏；另外，打听别人做得不好的事情，孩子还可能会招惹上麻烦。

“谨”的第七段：

将入门，问孰[①]存，

将上堂，声必扬。

人问谁，对以名，

吾与我，不分明。

【注释】

① 孰（shú）：谁。

【译文】

到人家家里去，先在门口问有谁在，迈入大堂前，大声说话让人知道有人来了。有人问你是谁，就回答名字，回答“我”，别人不一定清楚是谁。

这段话提醒孩子，你去人家家里拜访，要让里面的人知道有人来了。这是教孩子去别人家里要考虑主人的需要。

有位女士谈到自己的一次尴尬的经历：

记得孩子刚上初中那年，我带他去一个老师家里学画画。我们第一次去的时候，孩子一进门，没经得主人的同意，就擅自进出他的每个房间。对于关着门的房间，他也不知道敲门，直接就推开，东看西看。那是我第一次意识到让孩子学会尊重他人是多么重要。

可见，有的礼节虽然很简单，但很重要，我们需要给予孩子必要的引导。

“谨”的第八段：

用人物，须明求，
倘不问，即为偷。
借人物，及时还；
人借物，有勿悭①。

【注释】

① 悭(qiān)：吝啬。

【译文】

用别人的东西，要征得同意，如果一声不吭，就是偷。借别人东西，要及时归还；别人向你借，你有的话，就不要吝啬。

“用人物，须明求，倘不问，即为偷”：用别人的东西要先征得同意。这体现了对别人的尊重。

“借人物，及时还；人借物，有勿悭”：借别人东西，要遵守约定；别人向我们借东西，要乐于分享。

在《送东阳马生序》中，明初著名政治家、散文家宋濂讲到了他早年借书的经历：

我小时候酷爱读书。家里穷，没有书，我就向别人借，然后用笔抄写，并算着日子以便及时归还。天气特别冷的时候，砚池里的墨水结成坚冰，手指不能屈伸，我也不敢懈怠。等抄写完了，我就赶快把书还回去，不敢稍稍违背约定。因此，别人大多肯把书借给我，这样，我也就能够看到各种各样的书。

为了及时归还，宋濂即使手冻僵了，也要抓紧抄写。他这么信守承诺，所以，人们常常把书借给他。宋濂的故事不仅反映了“借人物，及时还”的重要性，还体现了“人借物，有勿悭”的意义。

《弟子规》这一节的内容教孩子处理日常事务的道理。这有助于培养孩子妥善处理事情的能力，帮助孩子变得成熟、稳重。

第三节

为人庄重，但不死板

《弟子规》强调培养孩子庄重的生活态度，有的家长担心这会让孩子变得死板，难以适应社会。下面介绍的是《战国策》记载的赵国大臣触龙劝谏赵太后的故事。这个故事体现了庄重的生活态度和灵活机智地处理问题并不冲突。

《触龙说赵太后》讲到，赵太后刚刚掌权，秦国来进攻，赵国就去向齐国求救。齐国提了一个要求，说要用长安君作为人质才出兵。长安君是赵太后的幼子，赵太后不放心，就不同意。大臣苦劝，最后，太后特别生气地说："如果有人再提这事，我一定要朝他的脸上吐口水。"

这个时候，触龙去见赵太后。赵太后开始的时候心怀戒备，怒气冲冲地对着他。可见，她怀疑触龙也是想劝说她，于是就摆出一副架势，让触龙不敢轻易开口。触龙并没有直奔主题，而是问候说："惭愧啊，太后，我老了，腿脚不太方便，很久没有来见您了。但担心您身体有恙，心里忐忑不安，所以还是来了。"太后说："我腿脚也不便，出门要靠坐车。"触龙接着就问："您饭量怎么样啊？"他们聊了一会，太后的表情放松了一些。

触龙接着说:“我小儿子名叫舒祺,他不太有出息,臣老了,希望您能关照他,让他当王宫的卫士。”太后问:“男人也疼爱幼子吗?”触龙说:“比女人还要疼爱!”太后笑了:“这不可能!”触龙说:“老臣以为您疼爱燕后要超过长安君。”太后纠正说:“您错了,我最疼爱的是长安君。”就这样,触龙一步步地切入主题。他又说道:“父母深爱子女,会替他们的长远考虑。燕后出嫁的时候,想到她嫁得那么远,您悲伤落泪,依依不舍。她走了以后,虽然您特别想念她,但祭祀的时候您一定会祈祷‘她一定不要回来呀’。这难道不是替她的长远考虑吗?您是希望她能够有子孙相继为王啊!”太后这时回答说:“是的,我是替她的长远考虑!”

触龙摆事实、讲道理,最后谈到了正题:“至于长安君,您今天给他这么高的位置,给他很肥沃的土地,却不趁着您在世的时候让他对国家有所贡献。一旦您不在了,长安君又如何立足呢?老臣以为您并没有替长安君的长远考虑呀。您有替燕后的长远考虑,却没有替长安君的长远考虑,所以,我认为您更爱燕后。”这个时候,太后回答说:“您说得对,长安君就任凭您安排了。”

赵太后舍不得长安君去做人质,她犯的是父母常犯的错误,舍不得孩子受苦,不能为他的长远打算。触龙抓住了赵太后爱孩子的心理,并没有说您要讲国家大义什么的,而是拐着弯和她谈怎么爱孩子。他从父母的心理、从怎样才是爱孩子这个角度去说服赵太后，但他又不是直奔主题讲道理，而是先表达对太后的关心、对王室的忠诚，然后才巧妙地把话题转移到长安君的事情上来。最后，他成功说服了赵太后。

在劝说赵太后的过程中，触龙做到了“勿畏难”和“勿轻略”。“勿畏难”，是有勇。让长安君去齐国当人质，长安君是要冒风险的，触龙敢于在赵太后处于气头上时劝她这么做，体现了他的勇。“勿轻略”，是有谋。国家正处于危急关头，触龙却能沉得住气迂回、婉转地和赵太后谈做人质的事情，体现了他做事的谋略。那为什么触龙能做到有勇有谋呢？除了他对国家的忠诚，还和他稳重的态度分不开。这也是《弟子规》“谨”这部分内容想要培养孩子的品质。

总的来说，培养孩子庄重的生活态度，并不是让他变得死板，而是让他学会自律、懂得关心他人，并以稳妥的态度处理事情。如果孩子能够具备这些品质，他非但不会难以适应社会，反而更有望成就一番事业。

个人练习

1. 祖逖闻鸡起舞的故事对你有什么启发吗？你会怎么培养孩子成为一个有理想、有追求的人呢？

2. 在本章谈到的行为规范中，你最看重哪个规范？请结合你的生活谈谈它的意义。

3. 有的人担心学习《弟子规》会让孩子变得刻板、不灵活。你怎么看待这个问题？怎么做可以避免这种情况的出现？

团体练习

分4～5人一组，一起完成个人练习2，然后每个人谈谈练习体会。

第五章

信，诚恳地与人交流

《弟子规》“信”这部分内容教孩子如何诚恳地与人交流，以及如何对待善恶和是非。这不仅培养他们友爱的生活态度，还培养他们求真务实的精神。作为成年人，我们只有在这个方面有意识地训练自己，才有底气培养孩子这些品质。

第一节

求真务实，坦诚相待

“信”的第一段：

凡出言，信为先，
诈与妄[①]，奚可焉？
话说多，不如少，
惟其是，勿佞巧[②]。
刻薄语，秽污词，
市井气[③]，切戒之。
见未真，勿轻言；
知未的[④]，勿轻传。

【注释】

① 妄：虚妄、不真实。

② 佞巧（nìng qiǎo）：花言巧语。

③ 市井气：唯利是图、不讲信誉。

④ 的（dí）：确实。

【译文】

和人谈话，首先要诚恳，骗人和胡说，都要不得。话多，不如话少，要实事求是，不要花言巧语。刻薄的话、脏话、市井气，也要坚决避免。对自己看不明白的事情，不要轻易发表意见；对自己没有把握的传言，不要轻易传播。

“凡出言，信为先，诈与妄，奚可焉”：与人交流要诚恳，不要骗人，也不要胡言乱语。“凡出言，信为先”，体现了我们对别人的关心和尊重。反之，如果我们习惯于撒谎或胡言乱语，那就反映了我们不怎么关心和尊重别人。所以，教孩子“凡出言，信为先，诈与妄，奚可焉”，也就是培养他关心和尊重他人的习惯。

“话说多，不如少”：言多必失，少说为妙。在《论语·为政》中，孔子讲道：

多闻阙疑，慎言其余，则寡尤。

孔子认为，想要减少语言的过失要注意以下两点：一是“多闻阙疑”，对于自己听到的道理，有疑惑的就不要去宣扬；二是“慎言其余”，对于自己已经接受的，也要严谨地表达。如果我们遵循孔子的这个建议，那我们就是在实践古人说的“谨言”。

“惟其是，勿佞巧”：说话要有根据。在《论语·为政》中，孔子教导子路说：

由，诲汝知之乎！知之为知之，不知为不知，是知也。

子路，名仲由，根据《史记·仲尼弟子列传》的记载，他原本性格粗野，喜欢争强好胜，在拜孔子为师前还曾羞辱孔子。孔子这段话的意思是说："仲由，你既然有志于学，让我来教你如何求知。对自己已经知道的事情，要了然于胸；对自己不知道的事情，要承认自己不知道——这才是求知的正确态度。"只有"知之为知之，不知为不知"，我们在说话时才能做到"惟其是，无佞巧"。

"刻薄语，秽污词，市井气，切戒之"：避免刻薄的话、粗话和市井气。如果我们想要友爱待人，就要避免说刻薄的话、粗话。另外，市井气也要不得。什么是市井气呢？在市场上，一些商家会夸大其词，而不介意自己卖的东西是不是顾客真正需要的。这就是市井气——为了自己的利益，说一些花言巧语。

"见未真，勿轻言"：没把握的时候，不要轻易发表意见。在《论语·为政》中，子贡请教孔子如何提高个人修养，孔子教导子贡说：

先行其言，而后从之。

这句话的意思是给别人讲的道理，要先经过自己行动的检验。由于子贡平时说话比较轻率，所以孔子提醒他这一点。孔子的建议也就是"见未真，勿轻言"。

"知未的，勿轻传"：传播信息要慎重。《吕氏春秋》有个故事讲道：

宋国有个姓丁的人家，家里没有井，经常需要安排一个人到外面打水浇田。等到家里挖了一口井之后，丁家的人就和人说："我家挖井得到一个人。"有人听到这句话后，以为丁家从井里挖到一个人，就和其他人说："丁家挖井挖到一个人。"这个消息就在宋国传开了，连宋国的国君都听说了这个事情。国君派人到丁家问这个事情是怎么回事，丁家回答："是得到一个人的劳力，而不是挖到一个人。"如果听到的消息这么不可靠，还不如不听。

"从井里挖到一个人"不符合常理，许多人却不加分辨地把这个消息传开了。虽然这是一则寓言故事，但生活中也有类似的现象。所以，我们要提醒自己"知未的，勿轻传"。

"信"的第二段：

事非宜，勿轻诺，

苟轻诺，进退错。

【译文】

不合理的事情，不要轻率地答应，一旦答应，就会进退两难。

古人讲："轻诺必寡信。"如果我们轻易作出承诺，就容易失信于人。所以，做承诺的时候，要慎重考虑。这既是对自己负责，也是对他人负责。

"信"的第三段：

凡道字[①]，重[②]且舒[③]，
勿急疾，勿模糊。
彼说长，此说短，
不关己，莫闲管。

【注释】

① 道字：吐字、咬字。

② 重：清晰。

③ 舒：从容。

【译文】

说话吐字要清晰、从容，不要急迫，也不要含含糊糊。别人说长论短，事不关己，就不要多管闲事。

吐字清晰、从容，别人就容易听得清。说长道短，往往没有确切的根据，容易滋生是非，甚至还会伤及无辜。所以，如果和自己无关，我们就不要去过问。

《弟子规》这一节的内容提醒人们求真务实，并诚恳地对待他人。为此，我们要注意审视自己想要表达的内容，看看观点是否正确、信息是否准确。

第二节

辨善恶，明是非

“信”的第四段：

见人善，即思齐，

纵去远，以渐跻[1]。

见人恶，即内省，

有则改，无加警。

【注释】

① 跻(jī)：达到。

【译文】

看到人做得好的地方，就向人看齐，即使差距很大，也要逐步努力。看到人做得不好的地方，就要反省自己，有同样的错误，就要改正，没有，也要多加小心。

这一段讲如何对待善恶。孩子在模仿中成长。所以，教孩子辨别善恶，并懂得“见人善，即思齐”“见人恶，即内省”，是一件很重要的事情。

“见人善，即思齐，纵去远，以渐跻”：努力学习别人的优点。在《叶圣陶先生二三事》中，张中行先生写道：

前些年，一次听吕叔湘先生说，当年他在上海，有一天到叶先生屋里去，见叶先生伏案执笔改什么，走近一看，是描他的一篇文章的标点。这一次他受了教育，此后写文章，文字标点一定清清楚楚，不敢草率了事。

吕先生的态度就是“见人善，即思齐”。

“见人恶，即内省，有则改，无加警”：看到别人的不足，要注意反省自己。这是把别人的缺点作为反面教材。

在《论语·里仁》中，孔子讲道：“见贤思齐焉，见不贤而内自省也。”如果我们能够从别人的行为中吸取经验教训，那我们就可以更好地提高自我修养。

“信”的第五段：

惟德学，惟才艺，
不如人，当自励。
若衣服，若饮食，
不如人，勿生戚[1]。

【注释】

① 戚：难过。

【译文】

品德、才艺比不上人，要努力赶上。如果衣服没有别人华丽，饮食没有别人精致，不必难过。

这一段讲要专心学习，而不要计较衣服和饮食。在《送东阳马生序》中，宋濂说道：

在我从师求学时，我背着箱子，拖着鞋子，行走在深山大谷里。深冬季节，寒风凛冽，地上的雪有几尺厚，脚上的皮肤冻裂了，我都不知道。等到了住处，我四肢僵硬，动弹不得。服侍的人用热水给我洗手洗脚，帮我盖上被子，过了很久，我才暖和过来。住在客舍里，我每天只吃两顿饭，没有什么新鲜肥美的东西可以享用。和我住在一起的同学，都穿着华丽的服装，戴着珠宝装饰的帽子，左边佩着刀，右边挂着香袋，看上去神采奕奕的。我穿着破棉袄、旧衣衫，生活在他们当中，却一点都不羡慕他们。因为我从学习中得到了乐趣，并没有觉得自己的饮食、服装比不上他人。我求学时的勤奋和艰苦大致如此。

学习的乐趣带来学习的热情。宋濂一心扑在学习上，是因为学习给他带来了乐趣。如果我们希望孩子能够专心学习，就要想办法帮他找到学习的乐趣。

"信"的第六段：

闻过怒，闻誉乐，

损友来，益友却。

闻誉恐，闻过欣，

直[1]谅[2]士，渐相亲。

【注释】

① 直：心直口快。

② 谅：诚恳。

【译文】

听到批评就生气，得到表扬就开心，损友就来，益友就走。得到表扬就忐忑，听到批评就开心，坦率、诚恳的朋友就会接近你。

这一段讲如何对待批评和赞扬，谈到了益友和损友。什么样的人是益友？什么样的人是损友？在《论语·季氏》中，孔子说道：

> 益者三友，损者三友。友直，友谅，友多闻，益矣。友便辟，友善柔，友便佞，损矣。

三种益友，是什么样的人呢？“友直”，指心直口快的人。和这种人交朋友，可以“闻其过”，也就是可以认识自己的错误。“友谅”，指诚恳的人。和这种人交朋友，可以“进于诚”，也就是可以变得朴实一些。“友多闻”，指见识广博的人。和这种人交朋友，可以“进于明”，也就是能够开阔视野。

三种损友，又是什么样的人呢？“友便辟”，这种人“习于威仪而不直”，虚伪做作。“友善柔”，这种人“工于媚悦而不谅”，说话好听但不诚恳。“友便佞”，这种人“习于口语而无闻见之实”，能说会道但浮夸。

三种损友和三种益友的品行刚好是相反的。孔子主张，我们要结识心直口快、诚恳和见识广博的人，而不要和表里不一、虚伪浮夸的人做朋友。

“闻过怒，闻誉乐，损友来，益友却”：如果我们喜欢表扬，不愿意听批评意见，那就容易和损友打成一片，而难以结交益友。

“闻誉恐，闻过欣，直谅士，渐相亲”：如果我们喜欢别人的指正，客观看待别人的表扬，那就容易结识益友。

在《和青年朋友们谈学习问题》一文中，钱伟长先生谈到我国著名物理学家吴有训先生时说：

吴有训教书是教得很好的，但他常常说，很多问题过去都没留意，都以为是对的，但在教学过程中被学生提出问题时才发现有毛病。因此他很喜欢跟学生在一起，并欢迎学生直接向他提问题。

吴先生“闻过欣”的态度，反映了他对学问的追求。无疑，这会鼓励更多的学生向他提问。在生活中，如果我们能够专注于提高个人修养和增长才干，那我们也就容易做到“闻过欣”，并使“直谅士，渐相亲”。

“信”的第七段：

无心非，名为错；
有心非，名为恶。
过能改，归于无，
倘掩饰，增一辜[①]**。**

【注释】

① 辜：错误。

【译文】

不小心有了过失，叫做错；故意干坏事，叫做恶。知错就改，就可以重新开始，如果隐瞒错误，就错上加错。

“无心非，名为错，有心非，名为恶”：犯错不可避免，但不应该明知故犯。人非圣贤，孰能无过。人的一生，每个人都不免要犯错。但如果我们知道错了还去做，那就严重了，因为我们不仅行动上出了问题，思想上也出问题了。

“过能改，归于无，倘掩饰，增一辜”：要知错就改，不要掩盖问题。既然犯错不可避免，那关键要直面问题、知错就改。如果不能够直面问题，文过饰非，那这样的态度本身就是一个问题。

张居正在《资治通鉴直解》中讲到汉文帝与冯唐的故事：

汉文帝时期，匈奴多次入侵，边境情势紧急。有一天，汉文帝在与郎署长冯唐交谈时，感慨地说道：“我今天要是有像廉颇、李牧那样的良将可用，还用担心匈奴吗？”这时，冯唐想到云中太守魏尚被弃用的事情，就故意激他：“别说今天没有廉颇、李牧，就算有廉颇、李牧那样的人，恐怕陛下也不能任用他。”汉文帝看冯唐出言无礼，就斥责他。冯唐接着讲道：“我这么说是有依据的。我听说古代的君王委派将领时，会充分信任他们，允许他们自行决定军中的事务。这样，他们才能够雷厉风行，把握战机。赵国任用李牧，也是这样。可是，魏尚任云中太守时，狠狠打击了来犯的匈奴，本来应该重赏，却因为报功时措辞与事实有点出入，文官就要治他的罪。我认为，陛下赏得太轻，罚得太重，这样怎么能鼓励人建立军功呢？可见，陛下即使遇到像廉颇、李牧那样的人，也无法任用他们啊。”听了冯唐的这番话，汉文帝很高兴。当天，他就下令将魏尚官复原职，同时任命冯唐为车骑都尉。

虽然冯唐在谈话过程中有些无礼，但汉文帝还是接受了他的批评。汉文帝知错就改，如果我们想要提高个人修养，就需要学习这样的态度。

《弟子规》“信”这部分内容鼓励人们求真务实、诚恳待人，以及辨善恶、明是非。我们不妨采取见贤思齐的态度，看看在哪些地方还可以提高自己。

个人练习

1.《弟子规》讲道:"见未真,勿轻言;知未的,勿轻传。"请结合你的实际经历谈谈这么做的意义。

2. 请想起一位热爱学习的人,可以是你身边的一位朋友,也可以是一位名人。你认为是什么激发了他学习的热情?

3.《弟子规》认为我们应当如何对待赞扬和批评?你怎么看待《弟子规》的主张呢?请回想起别人的批评让你受益匪浅的一次经历,并写下来。

团体练习

分 4~5 人一组,一起完成个人练习 3。然后,每个人分别谈谈这个练习带给自己的启发。

第六章

泛爱众，把普通人放在心上

《弟子规》“泛爱众”这部分教孩子如何友爱地对待普通人。人的成长不仅需要依靠家庭，还需要社会的抚育。养成友爱地对待普通人的习惯，也是培养一个人重情义、不忘本的生活态度。作为成年人，我们仍然可以在这方面提高自己，并为孩子作出榜样。

第一节

友爱待人，但不滥情

“泛爱众”的第一段：

凡是人，皆须爱，
天同覆，地同载。
行高者，名自高，
人所重，非貌高。
才大者，望自大，
人所服，非言大。

【译文】

所有人，我们都应当爱。他们和我们生活在同一片天空下，同一个地球上。行为高尚的人，自然就会有名气。人们看重的，并不是外在的容貌。才能出众的人，自然就会有声望。人们心悦诚服的，并不是夸夸其谈的人。

“凡是人，皆须爱，天同覆，地同载”：要爱所有人。这是《弟子规》主张的待人接物的一般原则。我们要注意不要把这个观点绝对化。岳飞在《满江红·怒发冲冠》中写道：

怒发冲冠，凭栏处、潇潇雨歇。抬望眼，仰天长啸，壮怀激烈。三十功名尘与土，八千里路云和月。莫等闲，白了少年头，空悲切！

靖康耻，犹未雪。臣子恨，何时灭！驾长车，踏破贺兰山缺。壮志饥餐胡虏肉，笑谈渴饮匈奴血。待从头、收拾旧山河，朝天阙。

岳飞的这首词里面有他对国家深切的爱。他希望珍惜光阴，趁着还有力量，尽早实现目标。同时，这首词也表达了他对入侵者鲜明的恨，例如，“壮志饥餐胡虏肉，笑谈渴饮匈奴血”。我们可以从他的爱来理解他的恨，同时也可以从他的恨来体会他的爱。出于对国家和社会的情感，痛恨来犯之敌，是一种自然的感情。就像《我的祖国》中唱的：“朋友来了有好酒，若是那豺狼来了，迎接它的有猎枪。”也就是说，我们要与人为善，但在必要的时候，我们要有力量捍卫自己、自己的家庭、自己的国家，乃至世界的和平。

“行高者，名自高，人所重，非貌高。才大者，望自大，人所服，非言大”：人们看重的是品德和才干，而不是靓丽的外表和华丽的言辞。这两句话是鼓励孩子把心思放在培养自己的品德和才干上。

然而，“行高者，名自高”“才大者，望自大”并不完全符合事实。一个人品德好、才能出众不一定会有名望。在《论语·学而》中，孔子讲道："人不知而不愠，不亦君子乎？"传统教育鼓励的是孔子所说的"人不知而不愠"，而不是追求别人的肯定。

《弟子规》这段话先是提出"凡是人，皆须爱"这一原则，然后引导孩子把注意力放在培养品德和才干上。对于《弟子规》这段话，我们要领会它的精神，从而更好地利用它来提高自我修养。

第二节

培养宽阔的胸怀

“泛爱众”的第二段：

己有能，勿自私；

人有能，勿轻[①]訾[②]。

【注释】

① 轻：轻视。

② 訾(zǐ)：说人坏话。

【译文】

自己有能力，要乐于助人；别人有能力，不要轻视和诋毁他们。

“己有能，勿自私”：要想着别人的需要。在自己力所能及的情况下，给予他人帮助，这是“泛爱众”的基本表现。要不，“泛爱众”就是一句空话。

有位女士谈到她参与扶贫工作的经历：

2019 年冬天，单位派我和另外两位同事到一个村子里开展扶贫工作。村子位置偏僻，离单位有将近两个小时的车程，道路坑洼不平。我们每天到村里开展工作，加班加点成了家常便饭。有一次，我们回来后，在一位同事下车时，我发现她脸色苍白、十分憔悴。我担心她身体吃不消，嘱咐她早点休息，第二天不要上班。没想到，她却和我说："时间紧、任务重，我们先抓紧时间完成工作，我能坚持。"听她这么说，我很感动，也备受鼓舞。就这样，我们互相体谅、鼓励和支持，圆满完成了当年的扶贫工作。

那位同事的儿子读高中，责任心也很强。2020 年疫情期间，学校组织上网课，她儿子负责帮助老师每天上报每个同学的体温和身体状况。孩子忙不过来时，她就会帮忙。我从没有听到她有什么抱怨。孩子也没有因此耽误学习，成绩非常好。

家长的品格会潜移默化地影响孩子。我相信，同事的孩子走上工作岗位后，也会成为一个拥有大局观的人。

就像这位女士提到的，家长的品格对孩子的成长有着重要的影响。所以，如果想要培养孩子宽阔的胸怀，做到"己有能，勿自私"，我们就要努力在平时的工作和生活中做到这一点。

"人有能，勿轻訾"：要肯定别人的能力。如果一个人追求名利，别人有才能，就容易贬低或诋毁他们。而一个胸怀宽广的人，想到社会的需要，不仅不会轻视和诋毁他人，还会希望他人能够更好地发挥才华。

根据《左传》的记载，秦穆公在攻打郑国前曾征求秦国老臣蹇叔的意见。蹇叔反对这么做。他认为，秦国劳师远征，郑国严加防备、以逸待劳，秦国没有什么胜算，且长途奔袭，一旦一无所获，军心就会涣散，此外，还有受到攻击的危险。秦穆公没有听蹇叔的意见，执意派孟明等三位将军伐郑，最后果然如蹇叔所言，秦军在崤山被晋军击败。《尚书·秦誓》记载了秦穆公伐郑失败后的誓言，秦穆公讲道：

如果有一个耿直的大臣，能够直言不讳地发表意见，就算他没有其他长处，只要他心胸开阔，我看还是要容纳他、亲近他。别人有才，他就和自己有才一样；别人品德高尚，他就打心眼里喜欢他们；别人好的意见，就像是他自己的一样——这是真的能容人。用这样的人，就可以造福社稷啊！而那些心胸狭隘的大臣，要是别人有本领，他们就妒忌、排斥；别人品德高尚，他们就使绊子，使人不能通达——他们是真的不能容人。这样的人，就不能再用他们，因为这会危及社稷！

秦穆公的这段话生动地展现了一个胸怀宽广的人的精神面貌。如果一个人有这样的胸怀，他就会做到“己有能，勿自私”，以及“人有能，勿轻訾”。

第三节

有骨气，又体贴人

“泛爱众”的第三段：

勿谄富，勿骄贫；

勿厌故，勿喜新。

人不闲，勿事搅；

人不安，勿话扰。

【译文】

不要讨好富人，不要嫌弃穷人；要念旧情，不要喜新厌旧。别人在忙，就不要拿事情打扰人；别人心里不安，就不要刺激人。

“勿谄富，勿骄贫”：不要嫌贫爱富。嫌贫爱富是一种常见的生活现象。俗话说，人穷志短。人穷的时候，家里有这样那样的需要，容易有求于人。有求于人，就容易去讨好人。反过来，人有钱的时候，容易被人讨好，变得骄傲起来。“勿谄富，勿骄贫”，针对的就是这两种倾向。

《礼记·檀弓》有个故事讲道：

有一年，齐国发生了大饥荒。齐国贵族黔敖想要赈济灾民，准备了一些食物，并在路边等候灾民的到来。有一个灾民十分饥饿，用衣袖遮着脸，拖着沉重的步伐，踉踉跄跄地朝着黔敖的方向走来。黔敖左手拿着吃的，右手拿着喝的，轻蔑地冲着他喊："喂！过来吃！"这个灾民抬起头看着黔敖说道："我饿成这样，就是因为我不吃无礼的人给的食物。"黔敖心生惭愧，就向他道歉。但这个灾民依旧拒绝了黔敖的食物，最后饿死了。曾子听到这个事情后，感慨地说："可惜啊！黔敖无礼呼唤时，他应当拒绝；但黔敖道歉后，他就可以去吃。"

在这个故事中，黔敖没有做到"勿骄贫"，灾民却做到了"勿谄富"。曾子虽然对灾民的死感到惋惜，但也赞同他不吃嗟来之食。"勿谄富，勿骄贫"，反映了古人主张在穷的时候做人要有骨气，在富有的时候做人要厚道。

"勿厌故，勿喜新"：不要喜新厌旧。在生活的某一个时期，我们会亲近一些人，并得到他们的帮助。等时过境迁，我们可能就不再需要他们。"勿厌故，勿喜新"，主张做人要念旧情，不要因为时过境迁冷落了朋友。有位女士谈到她的经历：

2019 年夏，我带着女儿回老家过暑假。回家期间，我去拜访以前在学校工作时的一位同事。她比我年长，曾指导我如何讲课。见到她时，我们两人都挺激动。她说，她曾给一些朋友的孩子免费补课，她退休后，这些朋友就不怎么联系她了，而我过年过节给她发信息，这次回来还去看她，她很开心。她的经历让我想起前几天听到的一句话："情，特别体现在用不着人的时候。"

在现代社会，许多人的生活变动频繁，生活方式、价值观复杂多样，增加了我们和老朋友保持联系的难度。但我们仍然可以提醒自己善待老交情、老朋友，特别是在他们需要帮助的时候。

"人不闲，勿事搅"：不要给忙碌的人添事。有位学校老师谈到她对这句话的体会：

"人不闲，勿事搅"，我以前基本上没有这方面的意识。记得有一次坐班车时，校长坐在我后面，我刚好有一个通讯稿需要她过目，就请她帮我看一下。我没有想这个时候她是不是方便，而只是想着赶紧处理完这个事情。我需要改变自己的习惯，多考虑别人的需要。

在需要找人办事的时候，我们通常希望自己的事情能办得顺利一些。"人不闲，勿事搅"提醒我们把他人的需要也纳入考虑。

"人不安，勿话扰"：不要打扰不安的人。《论语·子罕》

里说，在路上遇见穿丧服的人，孔子的神情就会变得肃穆起来，并赶紧走开。服丧的人处于悲痛之中，孔子这么做，是尽量避免打扰他们。“人不安，勿话扰”，提醒我们像孔子那样注意关心处于不安中的人们。

《弟子规》这段话提醒人们做人要遵循以下基本原则：在逆境时，要有骨气；在顺境时，要保持友善；对老交情、老朋友，要念一份情；对忙碌的人和不安的人，要有一份体贴。

第四节

隐恶扬善与指正朋友

“泛爱众”的第四段：

人有短，切莫揭；
人有私，切莫说。
道人善，即是善，
人知之，愈思勉。
扬人恶，即是恶，
疾之甚，祸且作。
善相劝，德皆建；
过不规，道两亏。

【译文】

对于别人感到羞愧的事情，就不要去说；对于别人不想让人知道的事情，就不要去提。赞美别人的善行，就是善，别人知道了，会更加努力。宣扬别人的恶行，就是恶，对人过于逼迫，将会带来灾祸。朋友间互相指正，双方就会共同进步；有错不指正，双方就都犯了错。

“人有短，切莫揭，人有私，切莫说”：要注意维护他人的自尊和保护别人的隐私。

“道人善，即是善，人知之，愈思勉”：要积极肯定别人的优点。宣扬别人的优点，除了可以鼓励别人继续努力，还可以促进团结。在《谈教书育人》一文中，钱伟长先生谈道：

每个人都会有一点毛病的，你还能没有什么缺点？人人有缺点，可是人人也有优点。我们希望在学校里造成这样一个氛围，专门来挖掘大家的优点，行不行？少来挖掘人家的缺点，这样，团结的气氛将会好点。譬如说我们来一个竞赛，看谁教书育人做得好。我看，这是个好办法！一个人不可能一点优点也没有，我不相信有这样的人，人总还是有点优点的吧！所以，今后我们学校里应该造成一种气氛，不要人为地把人拔高；虚捧，我也反对，你要捧他，就捧他真正好的东西，要有事实根据才行，我们反对毫无根据地捧人。要表扬好的方面，这个表扬不是虚捧，也不是吹牛！我们不要吹牛。在这样一个气氛之下，启发大家一起来做好我们的教育工作，促进我们的团结。

在这段话中，钱先生谈到了积极肯定别人的优点对团结的重要性。虽然他针对的是工作关系，但他所说的也适用于其他关系。

“扬人恶，即是恶，疾之甚，祸且作”：对犯错的人，要包容，给他改过自新的机会。如果有人逼人太甚，他就有可能做出一些过激的行为。

当然，这并不是放任他人的恶行。如果一个人做的事情有损公众利益，《弟子规》并不主张包庇纵容。《弟子规》在“亲仁”的部分讲道：“果仁者，人多畏，言不讳，色不媚。”“言不讳，色不媚”，就是要敢于仗义执言。

“善相劝，德皆建，过不规，道两亏”：朋友之间要互相勉励和指正。《孟子·离娄下》中讲道：

责善，朋友之道也。

“责善”，即劝善。“朋友”，在这里指道德上有共同追求的人。如果朋友做错了，你指出来，那你就是在帮助朋友。同时，你也是在做自己该做的事情。所以说，“善相劝，德皆建”。反过来，如果朋友做错了，你听之任之，那你就不够朋友。所以说，“过不规，道两亏”。

当然，劝告朋友，也要注意适可而止。《论语·里仁》引用子游的话说：

朋友数，斯疏矣。

“数”，指屡次。子游认为，如果过于频繁地劝告朋友，就会导致关系疏远。也就是说，在给朋友提建议时，要把握分寸。

《弟子规》这段话提醒人们如何对待别人的优点和缺点。在平时，我们要宽厚待人，多包容、多肯定。此外，对于志同道合的朋友，我们要能够指出对方的不足。

第五节

对待财物，要谦让

“泛爱众”的第五段：

凡取与，贵分晓，

与宜多，取宜少。

【译文】

财物的取得和给予，贵在分明。给的要多，拿的要少。

“凡取与，贵分晓”：和别人的财物往来，贵在分明。应该付多少，或者应该拿多少，最好能事先说好。在给人做事情时，如果事先没有说清楚，最后我们可能就会失望。反过来，在请人做事情时，如果事先不说清楚，最后对方也可能会有意见。事先把应得的、应付的说清楚，在来往的过程中把账目记清楚，既是对自己负责，也是对对方负责。

“与宜多，取宜少”：要有谦让的态度。财物是生活的物质基础，也是人们发生纠纷的常见原因。以谦让的态度处理经济关系，不仅可以减少纠纷，还可以增进感情。

钱穆先生在《八十忆双亲·师友杂忆》记录了他父亲去世后，族人请他母亲照例领取怀海义庄抚恤时的情景：

钱母："先夫在日，常言生平惟一憾事，乃与诸伯叔父为义庄涉讼。稍可赎歉疚于万一者，自问存心无一毫私图耳。今棺木未入土，其妻其子，即吃义庄抚恤米，何颜面见先夫于地下？"

族人："二相生平绝不怀私图，不惟亲族群知之，即路人不相识者，亦皆知。义庄抚养孤寡，乃符合列祖列宗遗意。且五世同堂一门，孤寡受抚恤者何限。二嫂独不受，此诸家怀念往昔，何以自安。"

钱母的意思是说，领取抚恤的话，会给人感觉钱父之前的诉讼包含私心，这样就愧对先夫。族人就劝她说，钱父的为人众人皆知，钱母不必多虑，而且如果只是她一家例外，大家也会过意不去。

后来，钱母感到不好再推辞，就接受了。此外，等钱穆兄长工作后，钱母就不再接受义庄的抚恤。钱母对待义庄抚恤的态度，反映了她对丈夫的敬重，对众人的体贴，同时还让义庄更有财力去帮助其他需要帮助的人。这正体现了"与宜多，取宜少"所包含的对他人的爱与敬。

《弟子规》这段话提醒人们处理经济关系要分明、要谦让。这对我们减少纠纷和提高自我修养都很有意义。

第六节

己所不欲，勿施于人

“泛爱众”的第六段：

将加人，先问己，

己不欲，即速已①。

【注释】

① 已：停止。

【译文】

看看自己对待他人的方式，自己喜欢不喜欢，自己都不情愿的事情，就不要勉强别人。

“将加人，先问己，己不欲，即速已”：即“己所不欲，勿施于人”。对于“己所不欲，勿施于人”，《大学》里面讲得更为具体：

所恶于上，毋以使下；所恶于下，毋以事上；所恶于前，毋以先后；所恶于后，毋以从前；所恶于右，毋以交于左；所恶于左，毋以交于右。

《大学》认为，对待我们的上级、下级、前辈、后辈以及左右的人，我们都要做到“己所不欲，勿施于人”。

“己所不欲，勿施于人”的核心是将心比心，把他人的需要放在自己的心上。有位女士谈到她的经历：

有一天中午，做西红柿鸡蛋汤时，有一小盘鲜虾仁不够单独做一道菜，我顺手放到汤里。吃饭时，女儿端起碗，不高兴地说：“这汤里怎么放虾仁了？”我调侃她：“这是一碗有故事的西红柿鸡蛋汤，特意放了虾仁。”女儿继续抱怨：“做汤就做汤，放什么葱花和大蒜？就不能做一碗简简单单的汤吗？”这时，我情不自禁地想到了母亲。我小时候不喜欢吃水饺，特别是三鲜馅水饺。如果母亲包了水饺，我就不吃饭。成家后，母亲有次闲聊时无意中提起：“你们姐妹都成家后，我终于又吃上了三鲜馅水饺。”从女儿的态度，我再次意识到，对母亲，我做得还很不够。

看到女儿的行为，这位女士在感到不舒适的同时，想到了自己的不足。后来，回娘家时，她就提醒自己要多照顾母亲的感受。这也就是“己所不欲，勿施于人”。

《弟子规》这段话提醒我们“己所不欲，勿施于人”。这是帮助我们友爱待人的一种方法。我们要把握它的精神，而不要觉得我们不想要的东西对别人就一定不好。

第七节

重情重义，以直报怨

“泛爱众”的第七段：

恩欲报，怨欲忘；
报怨短，报恩长。

【译文】

别人的恩情要报，别人的冒犯要忘；怨恨要尽快放下，恩情要常留心底。

“恩欲报”，“报恩长”：要知恩图报，做一个有情有义的人。《史记·淮阴侯列传》中讲到韩信报恩的故事：

韩信年轻时无法养活自己，经常去别人家里吃饭，许多人都很讨厌他。有一天，韩信在钓鱼时，有个漂洗丝絮的妇人看到他饿了，就给他饭吃。在接下来的几十天中，妇人都在河边漂洗丝絮，也一直照顾他。韩信很高兴，就对妇人说：“我以后一定会重谢你。”妇人生气地说：“你不能自食其力，我给你饭吃是因为我可怜你，难道是希望你报答吗?”后来,韩信成为楚王后,召见了这位妇人,并赏赐她大量金钱。

韩信在功成名就之后,没有食言,重谢了曾经帮助他的妇人。这体现了他是一个知恩图报的人。古人讲:“滴水之恩,涌泉相报。”如果我们能够做到这一点,那我们也就是一个知恩图报、有情有义的人。

“怨欲忘”,“报怨短”:要以宽宏大量的态度对待怨恨自己的人。这对处理家庭矛盾、邻里矛盾等尤其重要,但我们不要把它当作绝对的要求。孔子认为我们要“以直报怨”:对于怨恨自己的人,要根据事情本身的是非曲直来对待他们。《史记·廉颇蔺相如列传》中讲到下面的故事:

渑池之会后,蔺相如官拜上卿,地位比廉颇还高。廉颇心怀不满。他说:“我战功赫赫,蔺相如只会搬弄口舌,而且出身低贱,他现在位置比我高,真是我的耻辱啊!”他宣称:“我如果见到蔺相如,一定要给他点颜色看看。”蔺相如得知后,就避而不见。他的门客不理解,一同去劝他说:“我们之所以追随您,是仰慕您的人品。今天,您与廉颇将军同朝为官,廉将军出言不逊,您却深怀恐惧不敢面对他。这是普通人都感到羞耻的事,何况您还是朝廷重臣呢?我们平庸无能,也帮不上您,特来向您告别。”蔺相如挽留他们说:“你们看,廉将军和秦王比谁强?”门人回答说:“秦王。”蔺相如接着说：“对秦王，我都敢当众斥责，让他的臣下感到难堪。虽然我是个愚笨的人，但怎么会害怕廉将军呢？我只是想到，秦国比我们强大，它不敢进攻我们，是因为有我和廉将军在。两虎相斗，必有一死，如果我和廉将军闹矛盾，两人就无法同朝为官。这将给秦国可乘之机。这是我为什么退让的原因啊。我是把国家的需要放在了个人恩怨的前面。”廉颇听到后，负荆请罪。他说：“我见识浅薄，想不到您如此宽宏大量。”从那以后，他们成了能够共患难、同生死的朋友。

在廉颇出言不逊的时候，蔺相如把国家的需要放在了个人恩怨的前面。他这样的处理方法也就是“以直报怨”。同时，我们要看到，如果国家有需要，对于对自己不友好的人，该斗争还是要斗争，不因为私人恩怨而避嫌，才是“以直报怨”。

《弟子规》这段话讲的“恩欲报”“报恩长”，体现了我们重情义、不忘本的文化传统。同时，对于“怨欲忘”“报怨短”，我们要看到它们和孔子的主张是有所不同的。

第八节

谨慎、宽厚地对待家政员

“泛爱众”的第八段：

待婢仆[1]，身[2]贵端[3]，
虽贵端，慈而宽。
势服人，心不然；
理服人，方无言。

【注释】

① 婢仆(bì pú)：男女仆人，即被雇来做杂事、供差遣的人。

② 身：自身、本身。

③ 端：端正、庄重。

【译文】

对待仆人，首先要庄重，但这样还不够，还要能够慈爱、宽厚。以势压人，别人内心不服；以理服人，对方内心才服。

“待婢仆，身贵端，虽贵端，慈而宽”：对待仆人，要庄重、慈爱和宽厚。这样做的意义在于：庄重地对待仆人，他就不容易过于散漫；慈爱地对待仆人，他一般也会关心你；宽厚地对待仆人，他会觉得你容易相处。

“势服人，心不然，理服人，方无言”：要以理服人，不要以势压人。以势压人，既谈不上庄重，也谈不上慈爱和宽厚。反过来，以理服人，在对方做不到位的情况下，晓之以理，才是郑重、从容和友好的态度。

如何处理主仆关系，《曾国藩家书》也谈到了这个问题。曾国藩在给弟弟的信中提到，有个名叫陈升的仆人和他闹矛盾后离开了。出了这个事情后，他就反省自己，觉得自己应该能够做到宽厚待人，但对人不够关心。他认为，处理主仆关系应遵循“分虽严明而情贵周通”的原则。“分严明”，指彼此的角色有异，要庄重地对待仆人。“情贵周通”，指要慈爱地对待他们，使他们感到温暖。也就是说，曾国藩觉得自己在这个事情上做到了庄重、宽厚，但不够慈爱。

对于现代人来说，把人分成主人和仆人，不太平等。我们现在把来家里帮忙的人叫做家政员、保姆、阿姨、钟点工等。由于现代社会强调人与人之间的平等关系，一个人到别人家里给人做事，会比过去的人更希望得到尊重。所以，对我们请到家里帮忙的人，我们要特别重视表达对他们的尊重。

有位女士谈到她先生的一件事情：

十几年前，我家闺女小的时候，请了一个阿姨到家里帮忙。阿姨和我们同吃同住。有一次，她请假说要回家给儿子过生日。我打电话跟先生说了，还让先生早点回家。先生回家时带了一盒糕点和一个玩具，让阿姨带回家。阿姨特别高兴。后来我和先生聊起这事，先生说："她带点东西回去，她家里人知道咱们待她不错，就会放心。另外，她下午才走，到家就晚上了，你让她去哪里给孩子买礼物啊？"当时，我觉得先生办事真周到。他是真的把人放在心上。

这位先生的行为体现了他对阿姨的关心和尊重，同时，这样的行为也会激发阿姨对他们家真诚的感情。

今天，对于家政员，除了他们的专业能力，我们对他们主要的期待也就是有礼貌和做事用心。这和古人的期待并没有质的不同。在请家政员来帮忙时，如果我们能够做到《弟子规》中讲到的庄重、慈爱和宽厚，又考虑现代人对平等和尊重的重视，那我们就可以更好地照顾他们的需要。

个人练习

1. 请结合岳飞的《满江红·怒发冲冠》谈谈你对岳飞的爱与恨的理解。你觉得岳飞这样爱憎分明的态度在现代社会有怎样的意义呢?

2. 你怎么看“不食嗟来之食”故事中那位灾民对待黔敖的态度? 想起一个你心目中有骨气的人,然后谈谈他带给你怎样的感动。

3.《论语·宪问》中讲道,有人问孔子:“以德报怨,何如?”孔子回答说:“何以报德? 以直报怨,以德报德。”为什么孔子主张要区别对待对自己有恩的人和对自己有怨的人? 你觉得孔子的主张合乎情理吗?

团体练习

分4～5人一组,一起完成个人练习1。等所有人都完成练习后,每个人再依次谈谈这个练习给自己的启发。

第七章

亲仁，让自己受到熏陶

《弟子规》“亲仁”这部分强调亲近仁人志士的意义。近朱者赤，近墨者黑。亲近仁人志士不仅对孩子的成长很重要，对成年人提高个人修养也至为重要。我们需要学会辨别谁是真正的仁人，并给予孩子必要的引导。

第一节

仁人风范

“亲仁”的第一段：

同是人，类不齐，

流俗[1]众，仁者稀。

果仁者，人多畏，

言不讳，色不媚。

【注释】

① 流俗：平庸的人。

【译文】

虽然每个人都是人，但水平有高低，平庸的人多，品德高尚的人少。真正的仁人，会让人敬畏，因为他们直言不讳，而不巧言令色。

“同是人，类不齐，流俗众，仁者稀”：仁人少见、可贵。在《论语·卫灵公》中，孔子讲道：

志士仁人，无求生以害仁，有杀身以成仁。

在生活没有保障时，普通人容易见利忘义，而仁人却能够在生死关头坚持原则。照孔子的标准，仁人确实少见、可贵。

“果仁者，人多畏，言不讳，色不媚”：仁人为人正直，让人敬畏。我们容易把仁人和老好人相混淆。老好人不讲原则、不愿得罪人，容易给人厚道的感觉，以致混淆是非、败坏风俗。那怎么区分仁人和老好人呢？我们要看他是不是“言不讳，色不媚”。

在《资治通鉴直解》中，张居正讲到下面的故事：

汉武帝时期，有个大臣名叫汲黯。汲黯生性倨傲，不拘礼节，敢于当面指出别人的错误。有一天，汉武帝在与群臣议论如何治理国家的时候，汲黯当着众人的面指责汉武帝说：“古代帝王治理天下，都是以正心诚意、清心寡欲为本。陛下贪图享乐和财物，却号称要行仁义，成为尧舜那样的圣君，这怎么可能呢？”汉武帝听到汲黯的话，默不作声，但他气得脸色都变了，当即下令退朝。这时，朝廷的官员们都替汲黯感到害怕。然而，汉武帝素知汲黯的为人，回到宫中后对身边的人说：“汲黯这个人真耿直啊！”退朝后，有人指责汲黯不应该对皇上这么无礼。汲黯答道：“天子任命大臣辅佐他，正是需要他们直言进谏，使他能够承担好天子的职责。怎么能够阿谀奉承，任由他在错误的道路上越走越远呢？”

汲黯身体不好，平时经常生病。有一天，在同僚庄助替他向皇上请假时，汉武帝问道：“你觉得汲黯这个人怎么样？”庄助回答说：“汲黯这个人可以大用而不可以小用。如果任命他做寻常的官吏，他不见得有过人之处。但如果任命他辅佐太子，在危难之际，他是一个能够挺身而出，扛得住各种压力的人。这是汲黯的长处。”汉武帝赞叹道：“确实如此。古代有社稷重臣，他们是国家的依靠。汲黯就像是古代的社稷重臣啊！”

汲黯不仅在平时能够“言不讳，色不媚”，还能够不顾个人安危，当面指出汉武帝的过失，体现了仁人风范。

第二节

亲近仁人，远离小人

“亲仁”的第二段：

能亲仁，无限好，

德日进，过日少。

不亲仁，无限害，

小人进，百事坏。

【译文】

如果一个人能够亲近仁人，就有不尽的好处，品德每天都会提高，过错每天都会减少。如果一个人不亲近仁人，就有数不尽的坏处，小人会接近他，他将一事无成。

“能亲仁，无限好，德日进，过日少”：亲近仁人使人进步，并减少过失。由于仁人讲原则、令人敬畏，亲近仁人就能够帮助我们明辨是非，知道自己努力的方向。这样，我们也就可以不断提高自己，并改正自己的缺点。

“不亲仁，无限坏，小人进，百事坏”：不亲近仁人，和小人打成一片，就会一事无成。《世说新语》讲到管宁割席的故事：

有一天，管宁和华歆一起为菜地松土、除草。看到地上有一片金子，管宁照旧干活，对待金子和瓦砾没有什么两样；而华歆拿起来看了看，又扔掉了。另一天，管宁和华歆一起坐在席子上读书，有一辆华贵的马车路过门口时，管宁照旧读书，华歆却放下书跑出去看。看到华歆心思不在读书上，管宁就割断席子和他分开坐，并对他说："你不是我的朋友。"

在这个故事中，管宁和华歆这两个人物的形象形成了鲜明的对比：前者能够专心劳动、读书，后者却追求名利，不能静下心来做事情。最后，管宁决定和华歆绝交。这个故事反映了古人对结识朋友的慎重态度。

在生活中，我们难免会亲近自己喜欢的人，排斥自己讨厌的人。然而，我们喜欢的人，我们要看看是不是"仁人"，是不是益友。如果我们喜欢的人实际上人品不好，是损友，那就要注意保持距离。反过来，对于我们讨厌的人，我们也要看看他们是不是"仁人"，是不是益友。如果他们品行好，那我们就要考虑改变自己的态度，去亲近他们。

《弟子规》这段话强调亲近仁人的必要性，以及结识不良朋友的危害性。如果我们想要不断地提高自我修养，就要亲近仁人，远离小人。

个人练习

1. 在《论语·阳货》中，孔子讲道："乡愿，德之贼也。"乡愿是指比较圆滑的人，说话好听，谁也不得罪。孔子认为，这种人会败坏社会风气。你怎么看孔子的观点？

2. 谈谈你读汲黯的故事的体会。

3. 回忆一位你敬重的历史名人，并谈谈他特别令你感动的地方。

团体练习

分4～5人一组，一起完成个人练习3。等所有人都完成练习后，每个人再依次谈谈这个练习给自己的启发。

第八章

学文，做明事理的人

《弟子规》“学文”这部分内容谈到读书明理的重要性。在价值观复杂多样的现代社会，我们要慎重地选择读物，并不断地反思和提高自己。

第一节

成才需要两条腿走路

“学文”的第一段：

不力行，但学文，
长[①]浮华[②]，成何人？
但力行，不学文，
任己见，昧[③]理真。

【注释】

① 长：增加。

② 浮华：华而不实。

③ 昧：遮蔽、不明。

【译文】

如果不努力实践做人的道理，只是死读圣贤书，就会华而不实，将来怎会有出息？如果只是做自己认为对的事情，不读圣贤书，就会任意妄为，成为一个不明事理的人。

“不力行，但学文，长浮华，成何人”：不力行，就不会有真才实学。《史记·廉颇蔺相如列传》讲到赵括的故事：

战国时期，赵国名将赵奢有个儿子叫赵括。赵括从小学习兵法，和赵奢谈论战事，连赵奢也难不倒他。但赵奢对自己的儿子并不满意。赵括的母亲感到不解，就问他怎么回事。赵奢说：“战事，关系到生死存亡，但括儿谈起来却很轻率。赵国不用括儿为将那就还好，如果用括儿，他就会成为赵国的罪人啊！”

赵奢去世后，秦赵之间发生了长平之战。最初，赵国领军的是廉颇，后来，赵王中了离间计，准备派赵括代替廉颇。这时，身患重病的蔺相如劝赵王说：“赵括徒有虚名，他只是学他父亲的兵书，并不知道如何随机应变。”赵王不听。在赵括将要出发前，赵母也劝赵王说：“赵括不可为将。”赵王问她为什么。赵母解释说：“他父亲为将的时候，亲自照顾饮食的伤病员达到数十人，而他亲近的人更是数以百计。大王和其他王室成员赏赐的东西，他全部分给了部下和士大夫。此外，从接受任命的那天起，他就不再过问家里的事情。今天，赵括出任将军，就面向东接受朝见，部下没有人敢抬头看他。大王所赏赐的金帛，他都藏在家中，并每日寻思着购买上好的田地和住宅。他怎么比得上他父亲呢？他们父子不是一类人，请大王不要派遣他。”赵王仍固执己见。赵括出任将军后，改变了廉颇原来避战的策略，最后兵败身亡，赵军被秦军俘获坑杀数十万人。

赵括轻率又不能团结人，最后身败名裂，并不让人意外。这个故事反映了“不力行”的坏处，以及“长浮华”的可悲。

“但力行，不学文，任己见，昧理真”：不学文，就会任意妄为。《孟子·离娄下》讲到齐人匡章的故事：

公都子问孟子：“匡章这个人，齐国的人都说他不孝，您怎么还和他交往，对他以礼相待呢？”孟子回答说：“世人所说的不孝的情形有五种：一是懒惰，不奉养父母；二是喜欢下棋、饮酒，不奉养父母；三是贪财，偏爱自己的妻子儿女，不奉养父母；四是贪图声色，让父母感到羞愧；五是好斗，让父母感到忧心。你说匡章有这些毛病吗？”

孟子接着说：“匡章之所以和父亲感情疏远，不是因为他不考虑父亲，而是因为他深爱父亲。他担心父亲的行为不当，就去劝告父亲，但不料话不投机，冒犯了父亲，以致被父亲冷落。劝善，是朋友之间该做的事情。父母子女之间互相劝善，容易伤害彼此的感情。然而，虽然匡章考虑不周，但他的出发点是好的。”

匡章深爱父亲，但爱的方法不得当，以致和父亲产生了严重的隔阂。我们处理事情要学习前人成熟的经验，而不能感情用事。这也是为什么我们需要“学文”。

《弟子规》这段话提醒人们“力行”和“学文”要并重。这样，我们才能既真诚待人，又通晓事理。

第二节

养成良好的学习习惯

“学文”的第二段：

读书法，有三到，

心眼口，信[①]皆要。

方读此，勿慕彼；

此未终，彼勿起。

【注释】

① 信：确实。

【译文】

读书的方法，有三到，心到眼到口到，缺一不可。刚读一本书，别急着读另一本书；一本没有读完，就不要读另一本。

这段话讲读书要专心。读一本书就像听一个人讲话，如果同时读两本书，思路就容易乱。反之，如果专心读一本书，效率就会比较高。

“学文”的第三段：

宽为限，紧用功，

工夫到，滞塞[1]通。

心有疑，随札[2]记，

就人问，求确义。

【注释】

① 滞塞：指疑难的地方。

② 札：古代写字用的小木片。

【译文】

制定计划要宽松，落实计划要抓紧，遇到疑难不要放弃，功夫到了就会明白。看不懂的，要及时记下来，有机会时向人请教，找到确切的含义。

这段话讲的是精读一本书的方法，包括如何制定时间计划、处理疑难问题等。

“宽为限，紧用功”：把时间安排得充裕一些，但要抓紧用功。既“宽为限”，又“紧用功”，才能保证有足够的时间来学习。

“工夫到，滞塞通”：要知难而进，坚持不懈地学习。有位女士谈到她学习张居正的《四书直解》的经历：

刚开始看讲《论语》的部分时，我有些吃力。于是，我把它看作是一项任务，让自己有时间就看一点。看着看着，我渐渐熟悉了它的语境和风格，就觉得古文并不是那么难懂。

由于时代的差异，学习传统文化经典并不容易。如果我们想要读懂它们，需要付出艰苦的努力，只有“工夫到”，才能“滞塞通”。

“心有疑，随札记，就人问，求确义”：要及时把疑问记下来，并准确地理解内容。如果有疑问，我们要马上记下来，要不，回头可能就忘了。另外，我们要“求确义”，把内容真正弄明白，而不要似懂非懂。

“学文”的第四段：

房室清，墙壁净，
几案洁，笔砚正。
墨磨偏，心不端；
字不敬，心先病。

【译文】

书房要打扫干净，墙壁和书桌要整洁，笔和砚要摆放端正。研墨磨偏了，那就是心不在焉；写字潦草，那就是心浮气躁。

这段话讲房间的布置、磨墨的方式和写字的态度。有位妈妈谈到这段话对她的启发：

老大就要上小学了，我给他准备了一个儿童课桌，提醒他桌面要保持干净，并把所有的书籍、文具摆放整齐。因为这有助于培养他郑重的学习态度。同时，我也要求自己每天下班时把办公桌收拾得整整齐齐。真的很神奇，我觉得我的工作效率也有提升。

保持一个整洁的环境，有助于我们专心地学习和工作。如果我们养成这样的习惯，也就给孩子树立了良好的榜样。

“学文”的第五段：

列典籍，有定处，
读看毕，还原处。
虽有急，卷束齐，
有缺损，就补之。

【译文】

书本的摆放有固定的地方，看完了，就放回原处。即使比较忙碌，也要整理书籍，如有缺损，就及时补好。

这段话讲书本管理。虽然整理书本、修补缺损要花一些时间，但用的时候就方便了。

《弟子规》这部分内容从读书的方法、书房的布置、书本的管理等方面，指导人们养成良好的学习习惯。虽然时代不同了，但它的基本精神还是适用的。

第三节

阅读要有所选择

“学文”的第六段：

非圣书，屏[①]勿视，

蔽聪明[②]，坏心志[③]。

【注释】

① 屏(bǐng)：放弃、排除。

② 聪明：智慧。

③ 心志：意志、志气。

【译文】

三观不正的书，就不要去看，它们会混淆是非，消磨你的意志。

“非圣书”是指世界观、人生观、价值观不正确的书。一个人在思想不成熟的时候，读三观不正的书，容易被带偏了。所以，这段话主张孩子“非圣书，屏勿视”。同样地，我们也需要慎重选择自己的读物。同时，我们还要注意反思自己已经接受的观念，一旦发现错误，就要及时纠正。

下面是一位年轻妈妈的育儿经历：

有了孩子后，我最初遵循的是一些西方育儿理念。我会注意倾听，追随孩子的关注点，满足他们的好奇心，保护他们的自尊心，给他们丰富的环境并不断挑战他们的能力。我想这样应该可以培养出同理心强的孩子，因为我尊重他们并支持他们的个性发展。

可是，现实却不是这样。在老大差不多四岁时，我越来越清楚地看到老大不太听得进大人讲的话。同时，他走路横冲直撞，基本上天天都会动手打弟弟。我当时想是不是我爱他爱得不够，抱他抱少了。我问过老大为什么那样对待弟弟，他说弟弟老动他的东西，很烦，而且弟弟不听他的话。虽然我们严厉制止他打弟弟，但一批评，他就很伤心地哭起来，即使偶尔道了歉，也没有实质变化。另外，老二也有老二的问题。他缺乏自制力，很难遵守承诺，累了就坐在地上，为了自己想要的东西会一直哭闹。

因为这些经历，我开始反思自己的育儿理念并学习传统文化。这为我打开了一个全新的世界。我发现35岁之前，我太“放”了。我突然意识到了一种“收”的美。这种“收”是中国文化中的谦虚、内敛、谨慎、通达，对长辈的孝顺和对上级的恭敬，以及内心充沛的爱和情义。回到育儿方面，我明白了只是单纯的追随是远远不够的，做父母的需要在做人的态度和行为规范上引导子女。

以前，老大遇到好吃的东西，就会挪到他的面前一直吃。我们会说一两句，但没有严格地控制他。而他也从来不会在被要求的时候，把好吃的东西分享给他人。学习传统文化后，我们调整了对老大的教育方式。我把好吃的东西放在中间，给别的人夹菜；吃水果时，兄弟轮流负责分，而且要分给四个人。

上个周末出游，老公开车，我拿出一个橘子给大家吃。我和两个孩子都吃了几瓣后，我就跟孩子们说，“爸爸没吃，一定很渴，有谁愿意给爸爸一瓣吗?”老大立刻往爸爸嘴里塞了一瓣，老二也递给爸爸一瓣。吃到最后的两瓣，我让老二递给爸爸。老大抢了过去，原来是怕弟弟吃了，他掰下一瓣给了爸爸，另一瓣拿在手里看了半天，最后递给弟弟。老二一看又推还给了哥哥，哥哥说他不吃了。我就一边笑一边说，掰两半一人一口吧！结果老大一掰，有半个掉到车里了，他捡起来，把干净的给了弟弟，然后说，

(另一半)没事儿,不影响吃。这在原来是多么不可思议。虽然我和老公没说什么,但心里特别高兴。

有句古话说得好,"三岁看大,七岁看老"。孩子很小的时候就已经可以学着关心和照顾他人了,我要把握好幼儿时期的教育,进一步培养孩子友爱、礼让、勤劳、节俭等传统美德。

在价值观复杂多样的今天,我们需要学习和发扬我们优秀的文化传统。只有这样,我们才能根据自己文化的特点抚育孩子,并更好地帮助他们选择读物。

第四节

虚心好学，知难而进

“学文”的第七段：

勿自暴[①]，勿自弃[②]，

圣与贤，可驯[③]致。

【注释】

① 自暴：指自以为是，以致伤害自己。

② 自弃：指不愿踏实用功，以致放弃自己。

③ 驯：循序渐进。

【译文】

不要自暴自弃，而要虚心好学和知难而进，只要循序渐进地努力，就可以成为圣贤。

这段话强调虚心好学和知难而进的意义。西汉刘向的《说苑校证》讲到了师旷劝学的故事：

师旷是春秋时期晋国的乐师，双目失明，但在音乐方面很有造诣。有一天，晋平公和师旷说："我七十岁了，已是迟暮之年，现在学习恐怕太晚了。"师旷回答："既然天色已晚，为什么不点燃烛火照明呢？"晋平公说道："臣子怎么可以调侃君王呢？"看到晋平公心存疑虑，师旷解释说："我绝无此意。我听说，一个人少年时爱学习，就如同初升的太阳；在壮年时爱学习，就好比正午的阳光；而在晚年时爱学习，就像是在夜晚点燃的烛火。点燃烛火照明，与在一片黑暗中行走相比，哪一种情形更好呢？"晋平公答道："您说得真好，我有主意了。"

在这个故事中，师旷鼓励晋平公"勿自暴，勿自弃"，让自己在老年变得更有智慧。同样地，我们也可以通过学习让自己不断地取得进步。下面是一位妈妈改善与女儿关系的故事：

女儿的青春期是我人生最痛苦的时期。那时候，由于我急于开导女儿，母女的对话经常不欢而散，女儿和我的交流也越来越少。后来，我通过学习沟通方法，掌握了比较好的倾听能力，又逐渐拉近了和女儿的距离。

现在女儿已经工作了。上个月的一个晚上，我和女儿又聊了一次。在女儿开始说的时候，我提醒自己，她很可能只是想说说心里话，并不是想要得到什么建议。于是，我静静地听着女儿诉说往事，有时简单地回应“嗯”或者“然后呢?”，偶尔也会说说我的感受。这个过程大约持续了一个小时。女儿的情绪逐渐平复下来，表情也放松了。这时，她说:“老妈，就到这里吧，我要写我的书稿了。”那一刻，我感觉到她的声音轻快了，于是结束了倾听和陪伴，回到了自己的房间。第二天，女儿跟我说:“昨天，你理解了我。”听了女儿的话，我不禁在心里感叹:“理解一个人其实挺难，即便她是你最亲的人。”

为了改善与孩子的沟通，这位妈妈长期坚持不懈地学习，最后和女儿的关系又变得融洽起来。她的经历反映了“不自暴，不自弃”的重要性。

《弟子规》这段话鼓励孩子不要害怕困难，要循序渐进地努力，去实现理想。我们年纪大了，可能成不了圣贤了，但这并不妨碍我们不断地追求个人成长。如果我们以这样的态度对待生活，就可以给孩子树立自强不息的榜样，激励他们不怕苦、不怕累，为美好的人生理想而努力奋斗。

个人练习

1. 为什么“学文”和“力行”需要并重？请谈谈你的理解。

2. 保持学习环境的整洁对学习有怎样的意义？

3. 请结合你的经历谈谈为自己和孩子慎重选择读物的意义。

团体练习

分4～5人一组，一起完成个人练习3。等所有人都完成练习后，小组成员再轮流谈谈练习体会。

附 录

注音版《弟子规》全文

作者：［清］李毓秀

一、总叙

dì zǐ guī shèng rén xùn shǒu xiào tì cì jǐn xìn
弟子规，圣人训。首孝悌，次谨信。

fàn ài zhòng ér qīn rén yǒu yú lì zé xué wén
泛爱众，而亲仁。有余力，则学文。

二、孝

fù mǔ hū yìng wù huǎn fù mǔ mìng xíng wù lǎn
父母呼，应勿缓；父母命，行勿懒。

fù mǔ jiào xū jìng tīng fù mǔ zé xū shùn chéng
父母教，须敬听；父母责，须顺承。

dōng zé wēn xià zé qìng chén zé xǐng hūn zé dìng
冬则温，夏则清。晨则省，昏则定。

chū bì gào fǎn bì miàn jū yǒu cháng yè wú biàn
出必告，反必面。居有常，业无变。

shì suī xiǎo wù shàn wéi gǒu shàn wéi zǐ dào kuī

事虽小，勿擅为；苟擅为，子道亏。

wù suī xiǎo wù sī cáng gǒu sī cáng qīn xīn shāng

物虽小，勿私藏；苟私藏，亲心伤。

qīn suǒ hào lì wèi jù qīn suǒ wù jǐn wèi qù

亲所好，力为具；亲所恶，谨为去。

shēn yǒu shāng yí qīn yōu dé yǒu shāng yí qīn xiū

身有伤，贻亲忧；德有伤，贻亲羞。

qīn ài wǒ xiào hé nán qīn zēng wǒ xiào fāng xián

亲爱我，孝何难？亲憎我，孝方贤。

qīn yǒu guò jiàn shǐ gēng yí wú sè róu wú shēng

亲有过，谏使更。怡吾色，柔吾声。

jiàn bú rù yuè fù jiàn háo qì suí tà wú yuàn

谏不入，悦复谏。号泣随，挞无怨。

qīn yǒu jí yào xiān cháng zhòu yè shì bù lí chuáng

亲有疾，药先尝，昼夜侍，不离床。

sāng sān nián cháng bēi yè jū chǔ biàn jiǔ ròu jué

丧三年，常悲咽，居处变，酒肉绝。

sāng jìn lǐ jì jìn chéng shì sǐ zhě rú shì shēng

丧尽礼，祭尽诚，事死者，如事生。

xiōng dào yǒu dì dào gōng xiōng dì mù xiào zài zhōng

兄道友，弟道恭，兄弟睦，孝在中。

cái wù qīng yuàn hé shēng yán yǔ rěn fèn zì mǐn

财物轻，怨何生？言语忍，忿自泯。

三、悌

huò yǐn shí　huò zuò zǒu　zhǎng zhě xiān　yòu zhě hòu
或饮食，或坐走，长者先，幼者后。

zhǎng hū rén　jí dài jiào　rén bú zài　jǐ jí dào
长呼人，即代叫，人不在，己即到。

chēng zūn zhǎng　wù hū míng　duì zūn zhǎng　wù xiàn néng
称尊长，勿呼名；对尊长，勿见能。

lù yù zhǎng　jí qū yī　zhǎng wú yán　tuì gōng lì
路遇长，疾趋揖，长无言，退恭立。

qí xià mǎ　chéng xià chē　guò yóu dài　bǎi bù yú
骑下马，乘下车，过犹待，百步余。

zhǎng zhě lì　yòu wù zuò　zhǎng zhě zuò　mìng nǎi zuò
长者立，幼勿坐；长者坐，命乃坐。

zūn zhǎng qián　shēng yào dī　dī bù wén　què fēi yí
尊长前，声要低，低不闻，却非宜。

jìn bì qū　tuì bì chí　wèn qǐ duì　shì wù yí
进必趋，退必迟；问起对，视勿移。

shì zhū fù　rú shì fù　shì zhū xiōng　rú shì xiōng
事诸父，如事父；事诸兄，如事兄。

四、谨

zhāo qǐ zǎo　yè mián chí　lǎo yì zhì　xī cǐ shí
朝起早，夜眠迟，老易至，惜此时。

chén bì guàn　jiān shù kǒu　biàn niào huí　zhé jìng shǒu
晨必盥，兼漱口，便溺回，辄净手。

guān bì zhèng　niǔ bì jié　wà yǔ lǚ　jù jǐn qiè
冠必正，纽必结，袜与履，俱紧切。

zhì guān fú　yǒu dìng wèi　wù luàn dùn　zhì wū huì
置冠服，有定位，勿乱顿，致污秽。

yī guì jié　bú guì huá　shàng xún fèn　xià chèn jiā
衣贵洁，不贵华，上循分，下称家。

duì yǐn shí　wù jiǎn zé　shí shì kě　wù guò zé
对饮食，勿拣择，食适可，勿过则。

nián fāng shào　wù yǐn jiǔ　yǐn jiǔ zuì　zuì wéi chǒu
年方少，勿饮酒，饮酒醉，最为丑。

bù cóng róng　lì duān zhèng　yī shēn yuán　bài gōng jìng
步从容，立端正，揖深圆，拜恭敬。

wù jiàn yù　wù bì yǐ　wù jī jù　wù yáo bì
勿践阈，勿跛倚，勿箕踞，勿摇髀。

huǎn jiē lián　wù yǒu shēng　kuān zhuǎn wān　wù chù léng
缓揭帘，勿有声；宽转弯，勿触棱。

zhí xū qì rú zhí yíng rù xū shì rú yǒu rén
执虚器，如执盈；入虚室，如有人。

shì wù máng máng duō cuò wù wèi nán wù qīng lüè
事勿忙，忙多错；勿畏难，勿轻略。

dòu nào chǎng jué wù jìn xié pì shì jué wù wèn
斗闹场，绝勿近；邪僻事，绝勿问。

jiāng rù mén wèn shú cún jiāng shàng táng shēng bì yáng
将入门，问孰存，将上堂，声必扬。

rén wèn shuí duì yǐ míng wú yǔ wǒ bù fēn míng
人问谁，对以名，吾与我，不分明。

yòng rén wù xū míng qiú tǎng bú wèn jí wéi tōu
用人物，须明求，倘不问，即为偷。

jiè rén wù jí shí huán rén jiè wù yǒu wù qiān
借人物，及时还；人借物，有勿悭。

五、信

fán chū yán xìn wéi xiān zhà yǔ wàng xī kě yān
凡出言，信为先，诈与妄，奚可焉？

huà shuō duō bù rú shǎo wéi qí shì wù nìng qiǎo
话说多，不如少，惟其是，勿佞巧。

kè bó yǔ huì wū cí shì jǐng qì qiè jiè zhī
刻薄语，秽污词，市井气，切戒之。

jiàn wèi zhēn　wù qīng yán　zhī wèi dí　wù qīng chuán
见未真，勿轻言；知未的，勿轻传。

shì fēi yí　wù qīng nuò　gǒu qīng nuò　jìn tuì cuò
事非宜，勿轻诺，苟轻诺，进退错。

fán dào zì　zhòng qiě shū　wù jí jí　wù mó hu
凡道字，重且舒，勿急疾，勿模糊。

bǐ shuō cháng　cǐ shuō duǎn　bù guān jǐ　mò xián guǎn
彼说长，此说短，不关己，莫闲管。

jiàn rén shàn　jí sī qí　zòng qù yuǎn　yǐ jiàn jī
见人善，即思齐，纵去远，以渐跻。

jiàn rén è　jí nèi xǐng　yǒu zé gǎi　wú jiā jǐng
见人恶，即内省，有则改，无加警。

wéi dé xué　wéi cái yì　bù rú rén　dāng zì lì
惟德学，惟才艺，不如人，当自励。

ruò yī fú　ruò yǐn shí　bù rú rén　wù shēng qī
若衣服，若饮食，不如人，勿生戚。

wén guò nù　wén yù lè　sǔn yǒu lái　yì yǒu què
闻过怒，闻誉乐，损友来，益友却。

wén yù kǒng　wén guò xīn　zhí liàng shì　jiàn xiāng qīn
闻誉恐，闻过欣，直谅士，渐相亲。

wú xīn fēi　míng wéi cuò　yǒu xīn fēi　míng wéi è
无心非，名为错；有心非，名为恶。

guò néng gǎi　guī yú wú　tǎng yǎn shì　zēng yì gū
过能改，归于无，倘掩饰，增一辜。

六、泛爱众

fán shì rén jiē xū ài tiān tóng fù dì tóng zài
凡是人，皆须爱，天同覆，地同载。

xíng gāo zhě míng zì gāo rén suǒ zhòng fēi mào gāo
行高者，名自高，人所重，非貌高。

cái dà zhě wàng zì dà rén suǒ fú fēi yán dà
才大者，望自大，人所服，非言大。

jǐ yǒu néng wù zì sī rén yǒu néng wù qīng zǐ
己有能，勿自私；人有能，勿轻訾。

wù chǎn fù wù jiāo pín wù yàn gù wù xǐ xīn
勿谄富，勿骄贫；勿厌故，勿喜新。

rén bù xián wù shì jiǎo rén bù ān wù huà rǎo
人不闲，勿事搅；人不安，勿话扰。

rén yǒu duǎn qiè mò jiē rén yǒu sī qiè mò shuō
人有短，切莫揭；人有私，切莫说。

dào rén shàn jí shì shàn rén zhī zhī yù sī miǎn
道人善，即是善，人知之，愈思勉。

yáng rén è jí shì è jí zhī shèn huò qiě zuò
扬人恶，即是恶，疾之甚，祸且作。

shàn xiāng quàn dé jiē jiàn guò bù guī dào liǎng kuī
善相劝，德皆建；过不规，道两亏。

fán qǔ yǔ guì fēn xiǎo yǔ yí duō qǔ yí shǎo
凡取与，贵分晓，与宜多，取宜少。

jiāng jiā rén　xiān wèn jǐ　jǐ bú yù　jí sù yǐ
将加人，先问己，己不欲，即速已。

ēn yù bào　yuàn yù wàng　bào yuàn duǎn　bào ēn cháng
恩欲报，怨欲忘；报怨短，报恩长。

dài bì pú　shēn guì duān　suī guì duān　cí ér kuān
待婢仆，身贵端，虽贵端，慈而宽。

shì fú rén　xīn bù rán　lǐ fú rén　fāng wú yán
势服人，心不然；理服人，方无言。

七、亲仁

tóng shì rén　lèi bù qí　liú sú zhòng　rén zhě xī
同是人，类不齐，流俗众，仁者稀。

guǒ rén zhě　rén duō wèi　yán bú huì　sè bú mèi
果仁者，人多畏，言不讳，色不媚。

néng qīn rén　wú xiàn hǎo　dé rì jìn　guò rì shǎo
能亲仁，无限好，德日进，过日少。

bù qīn rén　wú xiàn hài　xiǎo rén jìn　bǎi shì huài
不亲仁，无限害，小人进，百事坏。

八、学文

bú lì xíng　dàn xué wén　zhǎng fú huá　chéng hé rén
不力行，但学文，长浮华，成何人？

dàn lì xíng　bù xué wén　rèn jǐ jiàn　mèi lǐ zhēn
但力行，不学文，任己见，昧理真。

dú shū fǎ　yǒu sān dào　xīn yǎn kǒu　xìn jiē yào
读书法，有三到，心眼口，信皆要。

fāng dú cǐ　wù mù bǐ　cǐ wèi zhōng　bǐ wù qǐ
方读此，勿慕彼；此未终，彼勿起。

kuān wéi xiàn　jǐn yòng gōng　gōng fu dào　zhì sè tōng
宽为限，紧用功，工夫到，滞塞通。

xīn yǒu yí　suí zhá jì　jiù rén wèn　qiú què yì
心有疑，随札记，就人问，求确义。

fáng shì qīng　qiáng bì jìng　jī àn jié　bǐ yàn zhèng
房室清，墙壁净，几案洁，笔砚正。

mò mó piān　xīn bù duān　zì bú jìng　xīn xiān bìng
墨磨偏，心不端；字不敬，心先病。

liè diǎn jí　yǒu dìng chù　dú kàn bì　huán yuán chù
列典籍，有定处，读看毕，还原处。

suī yǒu jí　juàn shù qí　yǒu quē sǔn　jiù bǔ zhī
虽有急，卷束齐，有缺损，就补之。

fēi shèng shū　bǐng wù shì　bì cōng míng　huài xīn zhì
非圣书，屏勿视，蔽聪明，坏心志。

wù zì bào　wù zì qì　shèng yǔ xián　kě xùn zhì
勿自暴，勿自弃，圣与贤，可驯致。